서른이라
안 될 줄 알았어

변해령 지음

1부

용기는 없지만 떠나고 싶어

마음 속에 피어난 작은 불씨

나는 어릴 때부터 호기심이 많았다. 궁금한 것은 뭐든 몸으로 부딪치며 확인했고 새로운 것을 경험하길 좋아하는 아이였다. 대여섯 살 때 물의 깊이가 궁금하다며 자발적으로 연못에 들어가 빠지기도 했고, 동네 곳곳을 탐험하는 모험 놀이를 주도하는 말괄량이였다.

그러다 학교에 다니고서부터 가지고 있는 에너지들은 책을 읽는 데 들어갔다. 책 속에서 만큼은 새로운 세상을 맘껏 여행할 수 있었기 때문이었다.

다양한 장르의 책에 빠졌지만 그중에서도 나는 한비야 님의 〈걸어서 지구 세바퀴 반〉, 시인 조병준 님의 여행에세이 〈길에서 만나다〉를 나의 바이블처럼 여겼다.

세계를 누비는 그들을 동경하면서, 나도 언젠가 그렇게 살리라 희망했다. 내가 알고 있고 살아온 이 작은 땅덩어리 말고, 이 넓디넓은 세계의 다양한 문화와 사람들과 교류하며 살고 싶었다.

하지만 그 열망과는 다르게 나는 지극히 평범하게 살아갔다. 뻔한 직장인이 되기는 싫었지만, 왠지 해야 할 거 같아서 토익 공부를 하는 평범한 대학생이었고, 색다른 길을 가기엔 용기를 내지 못하고 남들처럼 취업이라는 보편적인 길을 택해 직장인이 되었다.

나의 삶은 순탄했다. 대학 졸업 후 바로 취직을 했고, 회사 생활도 즐거웠다. 적당한 스트레스와 섭섭하지 않은 보상이 있었다. 회사에 다니며 1년에 한두 번 휴가를 내서 해외여행을 가는 것으로 세계에 대한 호기심을 해소해 나가며 나름대로 잘 지내고 있었다.

겉으로 보기에는 문제없이 잘 굴러가던 나의 일상이었지만, 내 가슴 속에서 누군가가 자꾸 물었다. '이게 진짜 네가 원하던 삶이야?' 정확히 뭘 하고 싶은지는 모르겠지만 무언가 다른 것을 도전해보고 싶다는 열망이 점점 더 강해졌다. 하지만 이미 20대 후반을 달려가고 있던 나이, 뭔가 다시 시작하기엔 두려웠다.

어쩌다 스페인어

새로운 것을 배우면 조금 나아지지 않을까 싶어 취미로 할 무언가를 찾았다. 영어를 다시 공부해볼까? 아니야, 영어는 너무 흔하고 이제는 조금 지겨워. 우아한 발음의 프랑스어? 아니면 쓸모가 많을 것 같은 중국어? 사실 미래를 생각해서는 왠지 중국어를 해야 할 것 같았지만 고등학교 때 제 2외국어로 선택했던 중국어는 내게 재미를 주지 못했다. 더 이상 무언가를 일처럼 배우고 싶지 않았다.

그러다 대학 시절 때 스페인어를 배우고 싶었었던 것이 떠올랐다. 대학교 때 필리핀에서 인턴으로 체류할 때 필리핀 생활 속에 많은 단어가 스페인어로 되어 있는 것을 보고 그 발음이 재밌어서 호기심이 생겼었다. 스페인어 배워볼까?

대학 시절에 호기심에 가입만 해놓았었던 다음카페 〈스페인어 무작정 따라 하기(스무따)〉에 방문했다. 마침 다음 달부터 기초 상의가 열린다기에 망설임 없이 신청했다. 그렇게 나는 나의 영원한 멘토, 사무엘 선생님(이형우 선생님)을 만나게 된다.

사무엘 선생님은 스페인어를 전공하시고 중남미 여러 나라에서 오랜 기간 회사 생활을 하신 후 한국에 돌아와 전문 통·번역사로 활동하고 계신다. 언어에 조예가 깊으실 뿐 아니라 다방면에 지식이 풍부하고 지혜로운 분이다.

선생님은 재능기부처럼 한국에 스페인어를 알리기 위해 온라인 카페를 운영하시며 소수 정예 스터디를 운영하시는데 내가 운 좋게 등록하게 된 것이다.

내가 처음 스페인어를 배웠던 스페인어 왕초보반의 스터디원은 나를 포함한 여자 넷, 직장인들이었다. 스페인어를 목적이 있어 배운다기 보다 나처럼 호기심에 배우러 온 사람들이었다. 우리는 매주 금요일 저녁, 홍대의 한 스터디 카페에 모여 간식을 함께 먹으며 편한 분위기 속에서 기초부터 차근차근 배우기 시작했다. 선생님의 열정적인 강의에도 우리는 매주 배운 내용을 까먹으며 사무엘 선생님을 힘들게 했지만, 수업 시간마다 깔깔 웃으며 오랫동안 스터디를 함께 했다.

내게 스페인어 수업은 일상의 단비와 같았다. 사무엘 선생님은 특유의 감칠맛 나는 설명과 묘사로 라틴 세계에 입문 시켜 주셨고 우리는 스페인어권의 문화와 사람들 이야기에 귀를 쫑긋하고 집중했다.

내게는 스터디가 단순히 스페인어를 배우는 곳이 아니라, 스페인과 중남미에 대한 이야기를 간접 체험하는 공간처럼 느껴졌다. 지구 반대편에서 벌어지고 있는 이야기들이 날 흥분하게 했다. 하지만 이때만 해도 내가 중남미를 정말 갈 수 있을 거라 생각은 하지 못했다. 여전히 그곳은 너무나 먼 곳이고, 낯선 곳이었다.

나의 스페인어 멘토이자 든든한 친구인 이형우 선생님 (Samuel)
스페인어 전문통번역사이며 *스무따의 운영자인 나의 은사님

* 스무따 (스페인어 무작정 따라하기)

: 스페인어에 대한 방대하고 귀한 자료들이 있는 온라인 커뮤니티로 스페인어에 관심이 있다면 꼭 방문해보길 추천한다.

홈페이지 - http://cafe.daum.net/icaribe
유 튜 브 - 스페인어는 사무엘쌤
인 스 타 - spanish_samuel

이십구춘기

시간이 흘러 스물아홉. 누구나 겪는다는 스물아홉 병이 내게도 찾아왔다. 이때의 나는, 내가 꿈꾸던 나의 스물아홉의 모습이 아닌 것 같았다. 세상을 알 것도 같은데 아직도 모르겠고, 뭔가 많이 해놓은 줄 알았는데 되돌아보니 한 것이 아무것도 없었다. '지금 나 잘살아가고 있는 건가?' 끝없이 의구심이 들었다. 즐거웠던 회사 생활도 괴로워지고 미래를 어떻게 그려야 할지 막막했다. 이십구춘기는 그렇게 지독하게 날 괴롭혔다.

제목에 이끌려 사놓았던 〈스페인, 너는 자유다〉라는 책을 읽기 시작했다. 인생의 최정점을 달리던 손미나 아나운서가 용기 있게 스페인으로 공부하러 간 스토리를 보며 마냥 부러웠다.

눈물이 흘렀다. 도전하고 있지 않은 내가 한심했다. 언젠가 세계를 누비며 살자고 결심했었는데 그저 삶의 안정만 추구하는 나인 것 같아서 싫었다. 하지만 이내 현실로 돌아왔다. '나는 똑똑하고 이미 경력이 탄탄한 손미나 아나운서가 아니야. 나는 이미 늦었어.'라고 스스로 말하며 단념했다.

패배자가 된 듯한 우울함을 떨쳐버리기 위해 나는 추석 연휴 때 스페인 여행을 가기로 했다. 비행기도 예약하고, 여행 일정도 짰다. 몇 달간은 이렇게 스페인 여행을 준비하며 설렌 마음으로 살아갔다.

그러다 불현듯 이 2주의 여행 기간에 여행 대신 단기 어학연수를 해보면 어떨까 하는 생각이 들었다. 이 시간 정도면 짧게나마 학원을 다니면서 친구도 사귈 수 있지 않을까 싶었다. 여행이 아닌 다른 것을 경험한다는 점에서 내게 아주 좋은 목표가 될 것 같았다.

회사 쉬는 날 종로에 있는 한 유학원에 찾아가 상담을 받았다. 유학원에서는 바르셀로나, 마드리드, 말라가 등 스페인의 대표 어학연수 도시들을 소개해줬지만, 막상 거금을 내고 어학연수를 가기에는 엄두가 나지 않았다. 그래서 우선 스페인 여행하면서 언제일지 모를 나중을 기약하자고 다짐했다.

너는 나와 다른 선택을 하길

스물아홉의 봄 어느 날, 나는 책장을 정리하다가 대학 과제로 썼던 글을 우연히 발견했다. 아무 생각 없이 펼쳐 본 나는 소름이 돋을 정도로 깜짝 놀랐다.

그 글에서 훗날 엄마가 된 내가 요리사의 꿈을 위해 프랑스로의 유학을 꿈꾸는 딸에게 쓴 가상 편지에서 이렇게 말했다.

"엄마는 그때 용기가 없어 떠나지 못했지만, 너는 하고 싶은 것이 있다면 과감히 도전했으면 좋겠다."

23살의 내가 미래의 나를 예견이나 한 듯, 용기가 없어서 떠나지 못한 걸 후회하고 있었다. 나는 이때부터 꿈을 이루기엔 소심한 사람이라 규정해 놓았고, 역시나 였다.

인생의 선택에 두 갈래 길이 있다면 난 항상 검증되고 안전한 길에 더 후한 점수를 줬다. 늘 내 마음 속에는 저 옆에 있는 더 역동적이고 매력적인 길이 궁금했지만, 조금 더 많은 사람들이 있는 이 길에는 이유가 있을 거라고 생각하며 남들의 기대와 사회에서 요구하는 것에 충실하려 노력했다. 적당히 하고 싶은 걸 선택하되 너무 튀는 선택은 하지 않으려 했다. 선택에 책임질 자신이 없어 과감해지지 못했다. 하지만 뭘 해도 후회할 거라면 이제 달라지고 싶었다.

만약 5년 후의 나라면, 10년 후의 나라면 29살의 나에게 어떤 결정을 내리라고 할까? 미래의 나는 조금 더 과감해지라고, 떠나라고 부추겼다.

지금 내가 결정 내리지 않는다면 평생 미련이 남을 거라 생각했다. 입버릇처럼 하고 싶다고 말하던 것들을 이젠 실현해야겠다고 생각했다. 왔다 갔다 했던 마음이 조금씩 단단해짐을 느꼈다.

나도 잘 알지는 못했다. 결혼 적령기에 안정적인 직장을 두고 철저히 혼자서 낯선 곳으로 떠나 도대체 무엇을 하고 싶은지, 어떤 걸 얻을 수 있을지, 어떤 미래가 기다리고 있을지, 그 모습이 그려지지 않았다.

하지만 이것만은 확실히 알았다. 지금도 나는 잘 살고 있고 앞으로도 잘 살리라는 것을. 만약 이번 결정으로 인해 아쉬운 점이 있더라도, 나는 그 안에서 대안을 찾을 것이라 믿었다. 인생에 있어 6개월, 1년 정도 잠시 다른 길을 간다고 해서 크게 달라질 것 같지도 않았다.

이날 비로소 결심했다. 마음속에 있던 열망을 용기 내어 꺼내 보자고. 그냥 떠나기에는 회사를 박차고 나올 용기가 생기지 않았고, 세계여행이라는 거창한 꿈을 실행하기에는 엄두가 나지 않았다. 결국 나는 '어학연수'라는 그럴듯한 타이틀을 달고 떠나기로 결심했다.

미지의 세계로

워낙 오랜 기간 고민했던 문제라 그런지 막상 마음을 먹고 나니 이상하게도 흔들리지 않았다. 이제 나는 어디서 무엇을 어떻게 할 것인가 고민하기 시작했다.

첫 번째 후보는 당연히 스페인이었다. 스페인에서 어학연수도 하며 친구도 사귀고 스페인 전역을 일주하는 것은 어떨까? 하지만 이것저것 따지고 보니 내 마음에 드는 어학연수지가 딱히 없었다. 나는 다시 대학을 다니는 느낌의 어학연수 생활을 하고 싶었는데 스페인의 대학에서 직접 운영하는 대학 부설은 학기제로 운영되어서 내가 떠나고 싶은 시기에 개강하지 않았고 외부 사설 어학원과 제휴해서 운영하는 대학 부설 어학당은 학원 같아서 매력을 느끼지 못했다.

다시 방향을 바꿔서 스페인에서 일하면서 공부도 하고 여행하는 컨셉으로 알아보기 시작했다. 당시에는 우리나라에 스페인간 워킹 홀리데이 프로그램이 빌효되기 전이었기 때문에 한국 회사에서 정식 파견되지 않는 이상 한국인이 스페인에서 급여를 받는 일을 할 수는 없었다.

하지만 나는 스페인은 3개월 무비자 체류가 가능하니 봉사를 하거나 일을 해서 숙박만 해결되어도 큰돈이 절약되리라 생각했고 나름 재밌을 것 같아서 일자리를 찾아보기 시작했다. 물론 우리나라 대행업체를 통해서 인턴 형식으로 일할 수는 있었지만, 문의해 보니 알선비만 100만 원이라는, 터무니없이 많은 대행비가 발생했기에 구글링해서 직접 알아보았다.

구글에 hostel staff in Spain, Spain guesthouse 등 여러 키워드로 걸리는 사이트에서 각 숙박업소의 채용공고와 연락처를 알아냈다. 이 연락처로 포트폴리오 형식으로 제안서를 보내기 시작했다. '내가 너희 호스텔에서 일하면 내가 홍보영상이나 사진을 찍어줄 수도 있고, 한국 사람들 대상으로 홍보하거나 가이드도 할 수 있어! 그리고 그 외 다른 일도 할 수 있어. 3개월 정도 숙박을 제공해줄 수 있니?' 이렇게 제안서 내용을 써서 이메일 주소가 있는 곳들에 쭉 보내고 기다렸다.

밑져야 본전이라는 생각으로 연락을 돌리기는 했지만 아쉽게도 대부분의 업체에서는 답장조차 오지 않았다. 한 군데에서는 취업비자가 없으면 숙박 제공도 어렵다는 답장이 왔고, 바르셀로나와 그라나다에 있는 호스텔 두 군데에서 '청소나 쓰레기 분리 같은 간단한' 호스텔 전반의 업무를 하면 숙식을 제공해준다며 호의적인 답장을 보내왔다. 근데 막상 일까지 그만두고 가는데 가서 잡일을 하며 여행하고 싶지가 않았다.

어떻게 해야 모처럼 마음먹은 이 기회를 잘 살릴 수 있을까? 나는 스페인어 은사님인 사무엘 선생님과 상의를 했다. 선생님은 뜻밖의 아이디어를 주셨다. "스페인이 아니라 중남미는 어때요?" 와, 왜 중남미를 생각하지 못했을까?

스페인어를 배우는 데 왜 중남미로 가는지 의아한 사람들도 있을 것이다. 스페인어는 스페인 본토뿐 아니라 미국, 중남미에서 활발하게 사용되고 있다. 스페인어는 마드리드의 스페인어를 표준어라고 보지만, 스페인 본토에서도 지역마다 발음, 단어 차이가 상당하며 당연히 중남미 스페인어도 조금 다르다. 하지만 영어도 영국영어, 미국영어, 호주영어, 아일랜드 영어 모두 다르듯이 스페인어도 마찬가지다.

나는 중남미라는 옵션을 생각하자마자 완전히 중남미로의 어학연수에 꽂혔다. 나는 어차피 외국어로서 스페인어를 배울 것이기 때문에 다양한 스페인어권 사람들과 소통하기 위해서는 중남미 스페인어를 배우는 것도 큰 장점이 있을 거라 생각했다.

무엇보다 나는 비교적 쉽게 갈 수 있는 스페인보다는 마음먹고 가야 하는, 저 미지의 세계로 떠나는 것이 더 끌렸다. 이왕 일 틸을 지지를 거라면 평소라면 못 갈 곳으로 가는 것이 낫지 않겠어? 스페인으로 떠난다고 생각했을 때보다 나는 더 신나서 찾아보기 시작했다.

여러 정보를 찾아보다 보니 우리나라 스페인어 전공자들뿐만 아니라 전 세계 스페인어를 배우려는 많은 학생이 중남미로 어학연수를 가는 걸 알 수 있었다.

중남미에서도 멕시코, 과테말라, 콜롬비아, 아르헨티나 등의 후보가 있었다. 1:1 언어 과외가 저렴해 단기 어학연수로 좋은 과테말라, 발음이 예쁘다는 콜롬비아, 탱고도 함께 배울 수 있는 아르헨티나 등 각 나라와 도시마다 특색과 매력이 있어서 고르기 어려웠다.

이런 행복한 고민 끝에 나는 결국 멕시코로 떠나기로 했다.

- 이왕 갈 거 평소에 여행을 가기 어려운 곳으로 가고 싶어서
- 중남미에서도 매우 유명한 멕시코의 우남대학교(UNAM)의 부설 어학당인 세페(CEPE)를 다닐 수 있어서
- 멕시코에는 한국 기업이 많이 진출해 있고 한인 사회가 탄탄하기 때문에 위급할 때 도움을 받을 수 있을 것 같아서
- 멕시코에서 한국에 관한 관심이 높아져 가고 있으니 언어교환이 좀 더 수월하지 않을까 생각해서
- 중남미의 광활한 자연환경을 탐험하려고!

그래서 나는 멕시코에서 어학연수를 하고 남미 여행까지 하고 오는 코스로 다녀오기로 마음먹었다.

내가 멕시코라니!

폭탄 선언의 날

모든 계획은 비밀리에 이루어졌다. 결심하기까지 오랜 세월이 걸렸고, 준비 기간은 4개월. 내 마음에 확신이 서고 어딜 어떻게 갈 것인지 결정하기 전까지만 해도 내 계획을 아는 사람이라곤 내 친한 친구 몇 명뿐, 우리 가족들은 까마득하게 몰랐다. 혹시라도 계획이 달라지거나 변수가 생길까 봐 어떤 질문에도 방어할 만큼 준비가 되었을 때 얘기하고 싶었다.

2015년 8월 22일. 오랜만에 시골에 계신 아버지가 올라오는 날이라 가족들과 영화도 보고 저녁을 먹기로 한 날이다. 이날, 나는 가족들에게 내 계획을 발표하기로 결심했다.

그동안 틈틈이 어학연수 계획서를 만들었다. 연수계획, 재정계획, 준비사항, 귀국 후 진로를 정리해서 문서로 만들었다.

아직 떠난 것도 아닌데 뭔가 울컥하고 떨렸다. 한국에서도 충분히 할 수 있는 일인데 가서 실력이 늘지 않으면 어쩌지 불안하기도 하고 걱정도 되었다. 그렇다고 스페인어를 완벽하게 배워서 어디에 써먹을 것도 아니고 이 나이에 해외에 나갔다가 경력 단절이 되면 어쩌지? 굳게 마음을 먹었어도 스멀스멀 두려움이 올라왔다.

무엇보다 우리 가족들이 반대할까 두려웠다. 내 마음을 잘 전할 수 있을지, 간다고 하면 걱정하며 혼내지는 않을지 걱정되었다. 이미 성인이라 가족의 동의는 필요 없지만, 모두의 걱정 속에서 떠나고 싶지는 않았다.

하지만 내 계획을 처음부터 지지해줬던 친구들의 응원으로 용기를 얻고 비장한 마음으로 출력한 계획서를 가방에 넣었다.

가족들과 함께 영화 〈암살〉을 봤다. 폭풍 눈물을 흘리고 영화관에 설치된 스티커 사진을 함께 찍으며 오랜만에 가족들과 즐거운 시간을 보냈다. 행복했다. 이때 잠시, 이런 소소한 행복을 두고 떠나려고 생각하니 아쉽고 슬픈 마음이 들었다.

집으로 돌아오는 길에 동네 치킨집에서 치맥을 하기로 했다. 갓 백일 된 조카를 데리고 언니 부부도 합류했다. 우리는 치킨을 맛있게 먹으며 도란도란 이야기를 나누기 시작했다. 이 화기애애한 분위기를 망치기 싫어서 치맥 후에 집에 들어가서 차분히 말할 계획이었지만 어쩌다 말할 수밖에 없는 타이밍이 와버렸다.

원래 추석 기간 2주 동안 스페인 여행을 계획했던 나는 조카의 백일잔치에 참여하지 못할 예정이었다. 하지만 언니가 내 여행 날짜를 피해서 백일잔치 날짜를 바꾼다고 하는 것이었다. 아, 이때다.

"여러분, 근데 저 스페인 여행 안 갈 거예요."

"왜??!!"

가족들이 황당한 표정을 지었다. 단도직입적으로 말해야지.

"나 멕시코로 어학연수 갈 거야."

"뭐? 미쳤어? 회사는 어쩌고? 왜 하필 멕시코야?"

우리 고상한 엄마가 제일 많이 놀라 평소에는 하지 않던 격한 표현을 하며 속사포처럼 질문을 쏟아냈다. 올 것이 왔구나. 나는 준비해왔던 계획서를 주섬주섬 가방에서 꺼내 가족들에게 나눠주고 설명을 하기 시작했다. 조금 떨렸다.

"내 궁극적인 꿈은 이건데 현재는 이러이러한 이유로 한계가 있고, 그래서 이걸 하려고 해. 가서 이렇게 할 것이고, 현재 재정 상태가 이런데 예상되는 예산은 이거니 이렇게 채워서 가지고 갈 거야. 다녀와서 진로는 5가지가 있고 그중에 이것이 유력해. 현재 이렇게 준비하고 있고 앞으로 이걸 하면 돼. 가족들이 허락해주면 나는 스페인 여행을 취소하고 어학연수 준비에 집중할 거야."

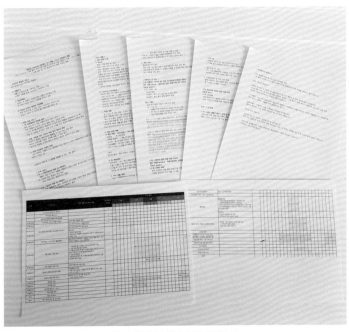

가족들을 설득시키기 위해 적었던 글

말하는 중간중간 그럼 이건 어떻게 할 거냐, 갔다 와서는 뭐 먹고 살 거냐 등등 질문이 튀어나왔지만 이미 계획서에 있는 내용이었기에 찬찬히 다 발표했다.

설명을 마치고 잠시 침묵이 흘렀다.

"그래. 아빠는 너의 꿈을 지지한다."

침묵을 깨뜨린 아빠의 한 마디. 그 말에 눈물이 났다. 아빠는 아직은 떨떠름한 우리 가족들을 설득하기 시작했다.

"해령이가 하고 싶다는데 응원해줘야지."

가족들도 이제야 얼떨떨한 마법에서 풀린 듯 지지의 말을 해주기 시작했다.

"그래. 결혼 전에 하고 싶은 거 다 해봐."

항상 두 발짝 앞서가며 조언을 해주는 내 데칼코마니, 언니.

"멕시코? 대박. 재밌겠다."

대박 대박을 외치며 응원해주는 내 남동생.

"기회 되면 우리가 칸쿤으로 놀러 갈게."

해외 생활이 만만치는 않겠지만 재밌게 놀다 오라는 형부.

"그래, 네가 알아서 잘하겠지."

멀쩡한 직장을 그만두고 결혼 적령기의 내가 떠나는 걸 탐탁지 않아 하는 엄마까지, 결국은 모두 지지해 주셨다.

열렬히 지지해주시는 아빠도 그래도 위험할 수 있으니 호신술을 배워갔으면 좋겠다 하셨다.

아빠의 주도 아래, 우리 가족은 치킨집이 떠나가라 다 같이 손뼉을 치며 응원의 말을 한마디씩 해주었다. 눈물이 났다. 걱정 끼쳐서 죄송하면서도 가족들의 응원이 이렇게 큰 힘이 된다는 것에 기뻤다.

아직 준비할 것도 많고 두렵기도 했지만, 가족들의 지지로 힘이 생기는 듯했고 뭐든 다 잘 해낼 수 있을 것 같았다.

내게 덕담을 해줬던 것, 박수와 함께 응원해준 것, 아직도 마음속에 따뜻하게 저장되어있다. 오래오래 추억해야지. 역시 우리 가족이 최고야! 믿어주는 만큼 열심히 하고 와야지!

내가 폭탄 선언을 했던 그날, 조카 윤.
네가 컸을 때 이 사진을 보여주며 너의 이모가 이날 무슨 일을 했는지 말해줄게.

이제 떠나는 거야

출국하기 막판 3개월간 바쁜 생활이 이어졌다. 멕시코행이 확정되자 본격적으로 멕시코를 가기 위한 준비를 시작했다.

01. 기존에 예약해두었던 스페인 항공권과 숙소를 모두 취소했다. 꽤 많은 위약금이 발생했지만 하나도 아깝지 않았다.

02. 직장인 신분으로만 받을 수 있는, PP카드가 제공되는 신용카드(Priority Pass 카드로 해외 공항 내에 있는 다양한 VIP 라운지를 무료로 이용할 수 있다.)를 발급받았다. 장기 해외 체류를 대비한 각종 준비물도 구입하고 남미 여행을 대비해 예방접종도 했다.

03. 우연히 멕시코에서 한국으로 오는 멕시코 친구 아단을 알게 되었다. 서로가 한국과 멕시코에 체류할 때 도와주기로 약속하며 스카이프를 통해 서로의 가족과 친구들을 소개했다. 나는 아단 덕분에 멕시코에 가기도 전에 몇 명의 현지 친구를 사귀었다. 저 멀리 멕시코에 아는 사람이 생겨서 마음이 든든했다.

04. 떠나기 한 달 전. 군대가는 것도 아닌데 유난 떠는 것 같아서 이제야 친구들에게 말하기 시작했다. 친구들 모두가 축하해줬고 응원해줬다. 하나라도 도움이 되려 정보를 찾아주고 세심하게 선물까지 챙겨주는 친구들이 정말 고마웠다. 나 정말 많은 사랑을 받는구나. 이 충만한 마음으로, 가끔 올라오는 두려운 마음을 누르며 떠날 날을 고대했다.

05. 출근 마지막 날. 회사에 꽤 오래전부터 얘기를 해와서 담담하게 준비했던 마지막이었다. 퇴사를 고하고 두 달간 열심히 동료들과 추억을 쌓았고 천천히 인수인계하며 아무렇지 않을 것 같았던 마지막. 4년간 함께 했던 동료들의 진심 어린 응원 때문에 나도 모르게 울어버렸다. 모두 감사합니다.

서른 살 되기 20일 전, 공항 가는 길.

아빠, 엄마, 남동생과 한국에 있는 멕시코 친구 아단과 함께 공항으로 출발했다.

아빠가 주신 용돈으로 멕시코 페소를 조금 환전하고 시간이 많지 않아 바로 입국장으로 갔다.

엄마가 눈시울을 붉히시며 말씀하셨다.

"하다가 힘들면 괜히 버티지 말고 그냥 집으로 바로 와. 집이란 그런 것이야. 힘들면 참지 말고 돌아와, 알겠지?"

"그럴 일은 없을 거야. 나 놀러 가는 건데? 건강히 잘 다녀올게요."

나도 모르게 눈물이 나올 것 같아서 더 명랑하게 대답하고 빨리 가라고 손짓했다. 입국 절차를 마치고 라운지에 들어가자 이제야 실감이 났다. 나, 이제 정말 가는구나.

떠나는 날 공항에서 가족과 아단과 함께

멕시코는 정말 위험할까?

우리나라에서 멕시코에 대한 이미지는 마약 카르텔, 총격사건, 강도, 장기매매 등의 온갖 범죄의 온상인 나라이다. 총기 소지가 자유로운 나라이고, 마약과 각종 범죄가 도사리고 있고, 경찰이 경찰의 역할을 제대로 수행하지 못하는 나라이다. 특히 멕시코 국경에 있는 일부 마을들은 마약 밀매 조직인 카르텔이 점령하고 있기도 하다. 바른 소리를 내는 언론인이 소리소문없이 죽어가기도 하고, 시위를 하던 대학생들이 실종되어 시신으로 발견되기도 한다.

하지만 우리나라에는 자극적이고 부정적인 소식만 보도되기 때문에 이것만 믿어서는 안 된다. 반대로 한국에 대해 친숙하지 않은 외국인들에게 우리나라는 항상 전쟁의 위협에 노출된 나라인 것처럼.

특히나 위험한 멕시코 국경 지역을 제외하고 멕시코는 전반적으로 안전한 나라이다. 우리가 듣는 자극적인 소식은 주로 국경 지역의 우범지대에서 생긴 일들이 많고 멕시코의 유명 도시들은 여행하기에도 좋은 곳이다.

멕시코에는 유쾌한 사람들이 산다. 흥도 많고 정이 많으며 오히려 더 관용적인 나라다. 관광지로도 유명한 나라이기에 외국인 유치를 위해서라도 안전에 각별히 신경 쓰는 나라이다. (물론 지역 편차가 심해 일부 대도시만 가능한 이야기이지만.)

그래도 나는 가족들을 안심시키기 위해 미리 대비책을 마련해두고 갔다.

1) 카우치서핑으로 현지 친구 사귀기

카우치서핑이란 카우치(couch 소파)+서핑 (surfing 찾다, 서핑하다)의 뜻으로, 현지인 집의 숙소를 구하거나 함께 여행할 친구를 찾는 곳이다. 에어비앤비가 유명해지기 전부터 현지인들과의 여행을 하는 사람들에게 유명했던 여행자 커뮤니티다. 페이스북처럼 개인의 프로필이 있고, 그 프로필에서 간단한 이력과 취향, 여행자에게 받은 후기도 확인 가능하며, 서로 메시지로 연락을 주고받을 수 있다.

여기서 나는 마침 내가 멕시코에 가기 전에 한국으로 공부하러 오는 멕시코 친구를 찾았다. 이 친구는 한국에 와서 정착할 때 나의 도움을 받았고, 반대로 나는 멕시코에 있을 때 이 친구가 소개해준 친구들의 도움을 받았다. 한국에서부터 미리 현지 친구를 사귀고 간 덕분에 초반에 빠른 적응을 할 수 있었다.

– 카우치 서핑 사이트 : https://www.couchsurfing.com/
※후기를 꼼꼼히 확인하면 좋은 사람을 만날 확률이 높다.

2) 위급 연락처 가지고 다니기

멕시코 한국 대사관 전화번호, 보험 회사의 긴급 전화번호, 카우치 서핑과 소개로 알게 된 친구들의 전화번호 등 위험에 처했을 때 연락할 번호 리스트를 만들었다.

한 부는 집에 붙여 놓고 갔고 멕시코에서도 초반에는 항상 소지하고 다녔다. (나중에 임시 휴대폰을 개통하고 나서는 친구들 번호를 저장해 두었기에 필요 없었다.)

3) 멕시코 내 한국 커뮤니티 참고하기

멕시코 현지 한국인 커뮤니티를 미리 조사하고, 가입하고 정보를 수집해 갔다. 위급할 때 도움을 받을 수 있을 것이다. 또한 멕시코 현지에서도 유용한 정보를 얻을 수 있으니 자주 방문해볼 것을 추천한다.

- 멕시코 한인 커뮤니티 : cafe.daum.net/mex
- 멕시코 한인 연합교회 : mexyeonhap.org
- 멕시코 커뮤니티 매거진 : www.moamex.com
- 멕시코 한인회 : latin-hanin.net/mx
- 멕시코 한인 신문 : www.haninsinmun.com

멕시코 친구 클라우디아의 생일파티에서 찍은 단체 사진.
멕시코에서는 어쩌면 한 명의 친구가 열이 될 수도 있다.
친구의 친구, 친구의 가족들과 만나며 어느새 그들의 유쾌한 일상과 함께할 것이다.

2부

서른, 떠나보니 아무것도 아니야

따뜻한 인큐베이터가 되어 준 나의 써니

멕시코에 가기 전에 대학 시절 영어 선생님이었던 선희 선생님(써니 Sunny)이 있는 미국 샌디에이고에 들렀다.

써니 선생님과의 만남은 대학생 때 종로의 한 영어학원에서 시작되었다. 나는 당시 내가 공부하는 과정과 성과가 학원 홈페이지와 소식지에 실리는 조건으로 장학금을 받으며 학원에 다니고 있었기에 압박에 시달려 힘들어하고 있었다.

써니 선생님은 그런 내게 박카스와 같았다. 종일 머리 아프게 했던 고민도 선생님의 긍정적인 한마디로 아무것도 아닌 것처럼 느껴졌고 기분이 좋아졌다. 당시 써니 선생님은 재치 있는 표현과 신선한 수업방식으로 학원생들의 인기를 한 몸에 받고 있었고 나도 선생님을 많이 좋아했다.

학원을 그만두고 나서도 우리는 종종 만나며 오랫동안 인연을 이어나갔다. 선생님은 날 친구처럼 받아줬고 나도 선생님을 언니처럼 따랐다 우리는 선생님이 결혼하고 미국으로 간 이후부터는 간간이 페이스북으로만 안부를 주고받곤 했다.

멕시코를 떠나기 얼마 전, 선생님께 안부 겸 멕시코행 소식을 전했다. 선생님은 누구보다 축하해주며 어떻게든 도움을 주고 싶어서 나보다 더 열심히 고민하셨다.

써니 선생님은 멕시코에 가기 전에 샌디에이고에 들르라고 제안하셨다. 마침 선생님의 남편분께서 스페인어를 전공하셨고, 대학 시절 멕시코에서 어학연수를 하셨던 경험이 있으시다며 멕시코에 가기 전 미국에 들러서 조언도 듣고 쉬고 가라고 하셨다. 이미 난 캐나다 경유의 멕시코행 티켓을 예약한 상태였지만… 선생님이 보고 싶기도 했기에 샌디에이고로 목적지를 변경했다.

한국을 떠나 시애틀을 거쳐 샌디에이고 공항에 도착했다. 짐을 찾는 사이 내 이름을 부르는 반가운 목소리가 들렸다. 선희 선생님과 선생님의 남편인 인범 사부, 7개월 된 선생님의 아들 찬까지 늦은 시간에도 불구하고 공항에 마중 나와 있었다. 선생님의 환한 표정에 긴장이 풀리는 듯했다.

샌디에이고에서의 날들은 꿈만 같았다. 선생님의 안락한 집에서 선생님의 세심한 배려 덕분에 편히 쉴 수 있었고, 사시면서 좋았던 곳들을 직접 데려가 보여주시고 온갖 종류의 음식으로 푸짐하게 대접해주셨다. 함께 우체국 가서 택배도 붙여보고, 미국 교회도 가보고 선생님 친구들도 만나며 짧은 시간이지만 행복한 시간을 보냈다.

매일 저녁, 귀여운 찬이 잠들고 난 후에는 스페인어와 멕시코, 미국 생활에 대한 주제로 셋이 도란도란 이야기를 나누었다.

인범 사부는 멕시코에서 어학연수를 한 후 한국에서 좋은 직장에서 일하셨지만 나와 비슷한 고민을 하시고 지금보다 더 멕시코가 낯설 때 멕시코 회사에 취업하셨다. 이후 많은 노력 끝에 현재는 미국에서 사업을 운영하고 계신 존경스러운 분이다.

두 분은 미국 여행 내내 내 손에서 지갑이 열리는 것을 절대 용납하지 않았고, 너무 미안해서 커피라도 사려는 내게 선희 선생님과 사부는 날 앉혀놓고 설득하셨다.

"네가 지금 이 커피를 산다고 해서 우리 가계 경제에 큰 힘이 되는 것도 아니야. 내가 해줄 수 있으니 해주는 거야. 이 돈 아껴서 더 많은 걸 경험하는 데 써.

나도 미국에서 유학할 때 이렇게 해주던 언니가 있었는데 그때는 받는 걸 너무 미안해 했었는데 지금 생각해보면 그냥 잘 받을 걸 그랬어. 해줄 수 있는 것도 행복이고 잘 받아주는 것도 기쁜 거거든. 나도 기꺼이 해줄 수 있어서 좋아. 그러니 너무 미안해 하지 말고 가서 공부 열심히 하고 나중에 다른 후배한테 베풀면 돼."

 인범 사부도 단호하게 말씀하셨다.

 "대접도 받을 줄 알아야 해. 나도 해외 생활하면서 정말 많은 사람에게 도움을 받았어. 잘 받고, 다른 사람한테 잘 돌려주면 돼. 당당히 받아. 멕시코에서 공부를 해봤으니 네게 해주고 싶은 이야기가 많아서 들렀다 가라고 한 거니 편히 쉬고 마음껏 놀다가 가."

 어떻게 이런 사랑을 줄 수 있을까? 아무리 이렇게 말씀해주셔도 몸 둘 바를 몰랐다. 이 은혜를 어찌 다 갚아야 할지….

 인범 사부는 도움이 될 거라며 한참 스페인어 공부할 때 닳도록 많이 보신 소중한 스페인어 사전을 선물해주셨다. 떠나는 날에는 크리스마스 카드를 건네주셨다. 경황이 없어 멕시코에 도착해서 카드를 열어보니 용돈 수준을 넘어선 큰 액수의 멕시코 페소가 들어있었다. 돈 아깝다고 생각하지 말고 하고 싶은 거하고 맛있는 거 먹으며 즐겁게 지내라는 메시지와 함께.

이렇게 온 마음으로 응원해주셔서 너무나 감사했다. 나도 꼭 다른 사람에게 이렇게 베풀어야지. 감사하다는 말로 다 표현할 수 없을 만큼 큰 사랑을 받았다. 큰 세상에 한 발짝 내딛는 내게 따뜻한 인큐베이터 같았던 써니 선생님과 인범 사부. 열심히 놀며 큰 세상 보고 오겠습니다!

드디어 멕시코 땅을 밟다

샌디에이고에서 멕시코까지는 3시간. 인범 사부가 말씀해주
신 것처럼, 멕시코시티를 들어갈 때 비행기에서 바라보던 야
경은 최고였다. 끝도 없이 이어지는 금빛. 앞으로의 기대와 설
렘을 예견하는 것 같았다.

도착한 밤. 멕시코 중심지인 소깔로에 위치한 호스텔에 짐을 풀었다. 분명 낯선 도시에 왔는데 왜 이렇게 편한 느낌이 들까? 마음에 불편함이 없이(물론 몸이 불편한 건 많지만) 여기에 있는 것이 자연스럽게 느껴졌다. 한국에서 떠나기 전 느꼈던 두려움은 오간 데 없이 그냥 여기에 있는 거 자체가 원래 꼭 왔어야 하는 곳인 것처럼 느껴졌고, 한국에서의 안락함과 안정감 대신 모든 것을 더 초롱초롱한 눈으로 봐야 할 것 같은 생기가 생긴 것 같았다.

기분이 나쁘지 않네. 아니, 기분이 참 좋네.

처음 와본 멕시코는 우리 편견 속의 위험한 도시가 아니라 활기차고 유쾌한 도시였다. 곳곳에 마리아치들이 공연하고 있었고, 멕시코 사람들은 친절했으며, 즐길 거리도 많았다.

무엇보다 음식이 너무나 맛있었다. 길거리에서 아무거나 사 먹어도 실패가 없었다.

사흘간 호스텔에 묵으며 여러 나라 사람들과 함께 근처를 관광하기도 하고 야경을 보면서 저녁마다 파티하며 다양한 주제로 얘기도 하고 지유로운 시간을 보냈다.

앞으로 멕시코에서 어떤 일이 펼쳐질까 기대되었다.

아비네 가족과 크리스마스를

어학당이 시작하기까지 한 달이 남았다. 정식 숙소를 구하기 전까지 한국에서 알던 멕시코 친구 아단이 소개해준 아비(Abby) 라는 현지 친구네 집에서 머물기로 했다. 아비는 내가 공부할 우 남대학교(UNAM)의 건축학과에 재학 중인 학생이다. 멕시코에 도착한 지 4일째 날, 아비가 날 데리러 호스텔로 왔다.

"¡Hola 올라, 해리온!(멕시코 친구들은 해령 발음이 어려워 서 이렇게 부른다.) 만나서 반가워!"

아담하고 예쁘장한 아비가 환한 미소를 지으며 나를 꼭 안고 볼에 살짝 뽀뽀하며 살갑게 멕시코식으로 인사했다. 처음 만났지 만, 좋은 친구가 될 수 있을 것 같은 예감이 들었다.

　아비의 집은 멕시코시티 남쪽에 위치한 한적한 마을에 있었다. 한국에서 먼 길 오느라 고생했다며 따뜻하게 맞아준 아비의 가족들. 집을 찾을 때까지 천천히 오래 머물라고 하셨다. 이렇게 타지에서의 연말을 외롭지 않게 아비의 가족과 보내게 되었다.

　나는 아비와 같은 방에서 묵기로 했다. 아비가 침대에서 함께 자자고 했지만 차마 같이 자기에는 미안해서 창가 쪽에 있는 소파에서 자겠다고 고집을 부렸다. 아비의 집에 있는 동안, 아비의 온 가족들의 보살핌 속에 편하게 지낼 수 있었다

　멕시코에서는 크리스마스가 1년 중 가장 큰 명절이다. 11월부터 거의 모든 집이 크리스마스 장식을 해놓고 어딜 가든 벌써 크리스마스 분위기가 물씬 났다. 아비의 집도 마찬가지였다. 크리스마스트리부터 욕실용품과 소파, 식탁보까지 모두 크리스마스 맞이 새 옷으로 갈아입었다.

　크리스마스 당일이 되었다. 아비의 친척들은 매년 크리스마스를 함께 보낸다고 했다. 아비네 가족이 정성스럽게 저녁을 준비했고 테이블도 예쁘게 세팅했다. 테킬라도 종류별로 테이블에 올려놓았다. 이렇게나 많은 종류의 테킬라가 있다니.

　아비의 아빠 마리오가 나와 아비에게 산타 모자와 빨간 목도리를 선물해주셨다. 우리는 자매처럼 똑같이 빨간 산타 모자를 쓰고 함께 화장하며 밤에 열릴 크리스마스 파티를 기다렸다.

　밤 8시가 되어서야 대가족이 모두 모였다. 배려심 있는 아비의 가족이 내가 어색하지 않도록 적절한 타이밍에 나를 소개하고, 가끔씩 내게 질문을 해주면서 내가 자연스럽게 파티에 적응할 수 있게 해 주었다. 멕시코 사람들한테는 마찬가지로 낯선 나라인 한국에서 온 여자애가 스페인어를 한다는 게 너무나 신기하게 느껴졌나 보다. 내가 한마디 할 때마다 신기해하며 내 서툰 스페인어에도 인내심 갖고 들어주며 반응해주었다.

식사를 마치고 아비의 가족들은 선물 교환을 시작했다. 이미 몇 주 전부터 친척들끼리 마니또를 뽑아 준비했다며 서로의 마니또를 호명하며 선물을 주고 덕담을 하며 꼭 안는 모습이 참 따뜻했다. 이모가 조카에게 장난감을 사주기도 하고, 조카가 삼촌에게 몸에 꼭 맞는 스웨터를 선물하기도 했다. 모든 선물에 오랜 시간 동안 가족들을 봐오면서 무엇을 사주면 좋을까 고민한 흔적이 묻어났다.

나는 미리 준비해 간 한복카드에 가족들에게 편지를 썼다. 부모님께는 소주잔을, 아비에게는 한국 화장품 브랜드 립밤을, 남동생 마르꼬에게는 초콜릿을 줬다. 그리고 온 가족이 나눠먹을 수 있도록 멕시코시티의 한인타운이라 할 수 있는 소나로사에서 한국 과자들을 사서 선물했다. 아비의 가족들은 나의 작은 선물에 크게 감동했다. 아비의 아빠인 마리오는 나의 편지를 마이크 앞에 서서 읽었고 모두가 박수와 환호를 했다.

선물 교환 이벤트가 끝나고 본격적으로 파티가 시작됐다. 노래 부르고 춤추고 먹고. 흥겨운 분위기가 새벽 3시까지 이어졌다. 나도 어느새 흥이 올라 노래자랑 심사위원이 되어 8점, 9점, 10점을 외쳐댔다. 승패와 상관없이 다 함께 웃었다. 흥도 사랑도 참 많은 멕시코 사람들. 나도 이런 유쾌한 가정을 꾸려야지.

나의 보금자리를 찾아서

멕시코에 돌아온 지 몇 주가 흘렀다. 호스텔과 친구의 집에만 머물다 보니 나만의 공간이 절실했다. 본격적으로 어학당이 시작하기 전에 학교 근처 숙소를 구하기 시작했다.

내가 공부할 우남 대학교(UNAM)의 어학당인 세페(CEPE)에서는 외국 학생들을 위해 주거 리스트 홈페이지를 제공한다. 여기에 조건에 맞는 하숙집 몇 개를 골라 미리 이메일을 보냈고 어학당 등록 날 방문하기로 약속했다.

첫 번째 후보는 우남대학교 최고 수재들만 간다는 의대 바로 뒤에 있는 주택이었다. 학교를 가로질러 걸어가면 어학당에서 약 20분 정도 걸리는 거리에다 통학로도 꽤 안전해 보였다.

아단의 친구인 아드리안(Adrian)의 도움을 받아 안내받은 주소로 갔다. 주인 아주머니의 환한 미소와 함께 맞아주셨다. 그곳은 아담한 정원을 가진, 낡았지만 예쁜 집이었다. 주인집과 분리된 독채에서 여자 학생들만 살 수 있다고 해서 더 마음에 들었다. 하지만 한 집만 보고 고르기엔 뭔가 아쉬웠다.

"집이 정말 마음에 드는데 아직 보증금을 은행에서 못 뽑아왔어요. 은행에서 돈을 찾아올 때까지 기다려줄 수 있나요? 1시간 후에 올게요."

"여기는 인기 하숙집이라 혹시나 다른 사람이 먼저 계약금을 주면 집을 못 줄 수 있어요. 하지만 예쁜 세뇨리따(아가씨)가 부탁하니까 기다려줄게요."

우남대학교 교직원이었다고 소개한 주인아주머니가 장난스럽게 말씀하셨다.

다른 곳과 비교한 후에 확신이 들면 계약해야지 마음먹었다. 한국인들이 많이 사는 치안 좋은 아파트도 있었지만, 학교에서 조금 더 멀어서 고민되었다.

골목을 기웃거리다 보니 어떤 사람이 "너 방 구하니?"라고 말을 걸어오길래 그 사람 소개로 렌트한다는 집에 가보았다.

첫 번째 집과 얼마 떨어지지 않은 어떤 골목. 무너진 담벼락과 쓰레기가 널려있는 집을 향해 걷던 그 사람은 설마 했던 그 집으로 들어가더니 이곳이라며 집을 보여주기 시작했다. 무표정한 주인 가족들과 청소가 안 되어 더러운 방, 느낌이 영 아니었다. 정중히 거절하고 첫 번째 집으로 가서 미고 계약을 했다,

멕시코에서는 우리처럼 전세나 계약 기간 없이 보증금으로 한 달 치를 선금으로 내는 것이 보통이다. 집을 나갈 때는 나가기 한 달 전에 주인에게 통보하고 마지막 달 월세로 대체하거나 돌려받으면 되는 시스템이라 큰 목돈이 들어가지 않아 편리했다. 보통 학교 주변 하숙집의 시세는 2016년 당시 2,800~4,000페소(한화 17만 원~25만 원 사이, 현재 렌트비 시세는 30만 원 정도라고 한다.)정도였다. 우리나라보다 약간 저렴한 시세다.

나도 마음에 꼭 맞는 집을 3,100페소, 우리 돈으로 약 21만 원에 계약했다. 이렇게 운 좋게 몇 시간 만에 집을 구할 수 있었다. 내가 간 타이밍이 기가 막혔는지 후에 다른 친구들 얘기를 들어보니 5일 동안 돌아다니며 겨우 구한 친구도 있고, 개학에 다가올수록 집 구하는 게 정말 힘들었다고 한다. 난 정말 운이 좋았구나! 아직까지는 모든 것이 순탄하게 느껴졌다.

정원이 예뻤던 학교 근처 하숙집

새 학기의 시작

내가 다닌 우남대학교(UNAM)의 정식 명칭은 멕시코 국립 자치 대학교(Universidad Nacional Autónoma de México)이며 라틴아메리카에서 가장 오래된 대학이다.

캠퍼스는 대학도시라고 불릴 만큼 커서 멕시코시티 도시 전체의 10% 이상을 차지하며 캠퍼스 내에 약 5개의 버스 노선이 있다. 우남대는 라틴 아메리카 전역에서 유학을 올 정도로 유명한 대학교이며, 노벨평화상, 문학상, 화학상 등을 수상한 세계적인 석학을 배출했다고 한다.

이 우남대학교에서는 외국인들을 위한 스페인어 어학당 세페(CEPE)를 운영하는데 가성비 좋고 프로그램이 좋기로 유명하다.

　　다시 대학생이 된 기분을 느끼고 싶다는 이유로 선택한 멕시코 우남대학교. 기대를 잔뜩 안고 레벨테스트를 보고 수강 신청을 했다.

　　우리 반은 우르술라(Ursula)라는 미녀 교수님이 배정되었다. 첫 수업 시간, 선생님은 카랑카랑해서 듣기 좋은 목소리로 입과 몸을 크게크게 움직여서 자기 소개를 하셨다. 느낌이 좋았다.

　　다른 반은 다양한 국적의 사람들이 있었는데 우리 반은 미국인 2명 빼고 모두 동양인 학생들이었다. 처음에는 좀 실망스러웠다. 하지만 아시아 친구들 특유의 근면 성실함 덕분에 수업 분위기가 좋아 선생님이 가르칠 의욕이 난다고 하셨다.

새 학기의 설렘은 잠시, 나는 스페인어로만 진행되는 스페인어 수업에 자신감을 잃어갔다. 우리 반에는 스페인어를 전공하는 교환학생들도 있고, 이미 본국에서 문법을 거의 다 배우고 온 학생들도 있었으며, 따로 과외를 받는 아이들이 있어서 나보다 훨씬 잘하는 것 같았다.

나만 수업 시간에 적응하지 못하는 것 같았다. 나도 같이 웃고 싶은데 웃을 수 없는 기분. 곁눈질로 주변을 살피며 눈치껏 수업을 따라갔다. 한국에서 정말 좋은 선생님을 만나 배웠지만 취미라는 핑계로 공부를 게을리한 것이 후회되었다. 설상가상 얼마 전 휴대전화도 망가져서 모르는 단어 검색도 어려웠기에 점점 뒤처지는 것 같았다. 수업 시간이 빨리 지나가기만을 바랄 뿐이었다.

하루 3시간 남짓의 수업 시간. 수업 후에 친구들과 스페인어로 대화하지 않으면 하루에 스페인어로 한마디도 하지 않는 나날들이 이어졌다. 자신 없는 모습을 누구에게도 보여주기 싫어 친구들과도 깊게 사귀지 못했고 초반의 낯선 환경에 적응하지 못한 채 학교와 집을 반복하며, 나는 점점 말을 잃어갔다.

조바심이 일었다. 어떤 결심을 하고 여기까지 왔는데 이것밖에 못 하면 어쩌지? 나는 아무것도 하지 못하고 무기력해져 갔다.

우남대학교 어학당 CEPE의 정원

어학당 앞 매점들

서른이라 안 될 줄 알았어

학교 안을 순회하는 스쿨버스

어학당 안 카페테리아와 탁구대

모든 것이 순탄하진 않아요

처음 멕시코에 갔을 때 생활적인 면에서 크게 힘든 일은 없었다. 내가 있는 멕시코시티는 수도이기 때문에 어느 정도 인프라도 잘 되어 있고, 현지 사람들의 둘러싸여 도움을 많이 받았기에 딱히 힘든 것도 없었다.

하지만 자취를 시작하고 학교에 다니자마자 문제에 봉착했다. 새 학기가 시작되자 수업을 따라가지 못한다는 우울함 때문인지, 아니면 낯선 곳에서 적응하는 것이 생각보다 어려웠던 것인지 사소한 많은 것들에서 인내심을 잃곤 했다.

나는 절대 민감한 사람이 아니다.(아니길 빈다.) 하지만 그때쯤 뜻밖의 것들에서 신경이 곤두섰다.

01. 내가 묵었던 하숙집에는 전에 한국 사람이 살았었는지 작은 압력밥솥이 하나 있었다 멕시코 음식도 맛있지만 쌀밥이 먹고 싶어 밥을 지어보기로 했다.

한국 집에서는 전기밥솥만 해봐서 압력밥솥으로 밥 짓는 법은 어려웠다. 하는 방법을 인터넷에 찾아봤지만 블로그마다 말이 달랐다. 하다 보면 알게 되겠지 싶어서 밥을 짓기 시작했는데(다행히 쌀은 마켓에서 쉽게 구할 수 있었다.) 탈 것 같은 냄새라도 나면 뚜껑을 열어서 확인하는 바람에 김이 날아가고, 그 때문에 설익은 밥이 되어 물을 붓고 다시 하길 여러 차례 반복했다.

나 스스로 바보인가 싶을 정도로, 헤매는 내 모습이 우스웠다. 다시 걸음마를 떼는 어린아이가 된 것 같았다.

02. 이번에는 이사 와서 샀던 수건이 날 미치게 만들었다. 나름 대형마트에서 산 중가의 수건이었는데 수건에서 보풀이 너무 심하게 일어 몸에 먼지가 덕지덕지 달라붙었다. 여러 번 빨아도 보풀이 늘기만 했다. 더 비싼 것은 괜찮겠다 싶어서 브랜드를 바꿔가며 새 수건을 구입했다. 근데 두 번째도, 세 번째도, 네 번째 수건도 모두 똑같았다.

한 달을 넘게 이까짓 수건 때문에 내가 이렇게 스트레스를 받나 싶을 정도로 짜증이 났다. 머리를 감고 수건으로 머리를 털면 보풀이 머리에 하얗게 묻어 나왔고, 몸을 닦고 로션을 바르면 작은 실들이 밀려 나왔다.

현지 친구들에게 물어보니 이런 대답만 들었다.

"원래 수건 처음 쓰면 그러는 거 아니야? 좀 더 많이 쓰고 많이 세탁해봐. 나아질걸?"

나는 결국 답을 찾지 못하고 한동안 한국에서부터 가지고 갔던 스포츠 수건으로 생활했다.

이 문제는 시간이 많이 지난 후에 의외로 간단하게 해결되었다. 수건 자체의 문제도 있었지만 하숙집 세탁기의 문제도 있었던 것이다. 하숙집 세탁기는 큼직한 휠이 통 안에 그대로 있는 옛날 방식의 세탁기였다. 그러다 보니 세탁 시에 생기는 먼지도 제대로 걸러지지 않았던 것 같다. 세탁소에 맡기니 훨씬 나았다. 수건과의 전쟁은 이렇게 싱겁게 끝났다.

03. 하숙집 내 옆 방에는 일본 여자아이가 살았다. 같은 학교 어학당에 다니지만, 이 아이가 더 높은 레벨이라 수업을 같이 듣지는 않았다. 우리 집은 주인집 옆에 단독으로 우리 둘만 사는 집이었기에 이 집에는 나와, 그 여자애 둘이 같이 사는 것이다. 방만 다르고 거실과 화장실을 공유한다.

이 여자애는 주인아줌마 앞에서는 엄청 친절한 척하더니 그 이후로 차갑다. 인사도 잘 하지 않고 방에만 틀어박혀 있다. 친해지려고 간식 가서 주려고 하면 다 거부. 밥도 같이 한번 해 먹을까 제안했지만 자기는 자기가 해 먹겠다고 해서 민망했다. 내가 싫은가? 그래, 그냥 좋게 지내야지 싶어서 나도 신경 쓰지 않고 살았다.

내가 살던 집은 방음이 잘 안 되었다. 옆방의 과자 봉지 소리나 휴대폰 진동소리는 기본이고 종이 넘기는 소리까지 났다. 아마도 큰 방 하나를 두 개로 나눈 것 같다. 가끔 일본 여자애는 큰 소리로 오랫동안 피리를 불었다. 밤에 자주 드라이기를 쓴다. 요리해서 거실에 그대로 두고 설거지도 안 해놓고 화장실 물도 잘 안 내리기도 했다. 그래, 그럴 수도 있지, 언니가 참아 줄게. 너도 나 때문에 불편한 부분이 있겠지.

그러던 어느 날, 한국과의 시차 때문에 밤 11시부터 사무엘 선생님과 스카이프로 통화를 시작했다. 주로 선생님이 말씀하시고 정말 속삭이듯이 통화하면서 나름 조용히 한다고 했는데 워낙 방음이 안 되니 거슬렸던 모양이다. 이 친구가 페북 메시지로 느낌표를 가득 담아 항의 메시지를 보내왔다.

순간 화가 치밀었다. 그래 밤이 늦게 통화해서 미안해, 근데 말하는 게 좀 기분이 나쁘다? 타지에 와서 모든 것이 순탄치는 않은데 휴식처가 되어야 하는 집에서까지 스트레스 받으니 서러웠다.

거기디 일본 여자애보다 아직 스페인어가 부족해서 시원스럽게 쏘아붙이지도 못하고 그냥 앞으로 주의하겠다고 소심하게 대답해버렸다. 아, 자존심 상한다.

결국 몇 달간 한 집에 살면서도 가장 가까이 있던 옆방 이웃과는 끝내 친해지지 못했다.

04. 멕시코에 도착하자마자 핸드폰이 고장 났고 이번에는 카메라가 말썽이었다. 렌즈가 고장 났다. (이쯤이면 마이너스의 손인 듯) 여행까지 생각했을 때 폰 카메라로 버티기는 어려울 것 같아 고치기로 결심했다. 공식 소니 서비스 센터에서는 부품이 없어 고칠 수가 없다고 하여 이곳 소개로 카메라 전문 수리점에 가서 맡겼다.

그런데 이 수리점의 일 처리가 너무 답답했다. 3일 이내에 전화로 연락해준다더니 일주일이 지나도 전화가 오지 않아 전화했더니 결과를 이메일로 보내준다고 했고, 그 이후로 5일 후에야 이메일로 견적을 보내왔다. 보내온 견적서에도 별다른 설명 없이 수리 가격만 덜렁 보내왔다. 예상보다 너무 큰 액수의 견적이 나와서 좀 더 디테일한 견적서를 요청했다. 한국에서 새 렌즈를 사는 것보다 더 비싼 가격이었기에 친구 도움을 받아 어떤 부품을 변경하는 건지, 새로 렌즈를 갈면 얼마인지 자잘한 질문까지 번호로 매겨서 이메일을 보냈는데 답변은 고작 이렇게 왔다.

"우리는 공인된 서비스를 제공하며 정품을 사용합니다. 고칠 거면 말씀해주십시오"

그 뒤에도 두세 번 이메일로 왔다 갔다 했지만, 만족스러운 답변을 받지 못했다. 너무 답답했다.

결국 어쩔 수 없이 25만 원이라는 거금을 주고 고치기로 했다. 일주일 후 수리가 되어 찾으러 갔다. 그런데 이번에는 렌즈 필터가 없어졌다. 카메라 맡기기 전에 찍어놓은 사진을 보여주며 렌즈를 보호하는 필터는 어디 있느냐 물었다. 그 직원은 견적 맡기기 전에 액세서리 목록에 렌즈 필터가 있었다는 표기가 안 되어 있으니 이곳은 책임이 없다고 했다.

견적 맡길 때 다른 직원이 카메라 줄, 배터리 여부 등의 액세서리 목록을 적는 것을 본 것이 떠올랐다. 렌즈 필터는 렌즈의 일부인데 이걸 액세서리로 친다면 그쪽에서 당연히 적었어야 하는 게 아니냐 물었다. 그래서 나는 렌즈 필터가 있는 다른 카메라 견적서 목록에 렌즈 필터가 적혀있는지 보여달라고 했다.

남자 직원이 자신 있게 렌즈 필터가 있는 한 카메라를 찾더니 컴퓨터에서 조회해서 견적서를 보여줬다. 근데 역시 거기에도 렌즈 필터 항목은 없었다. 거봐, 너희 렌즈 필터가 있어도 액세서리 목록에 안 적어놓잖아.

나는 털을 쭈뼛 세우고 으르렁대는 고양이 같았다. 평소에 화를 잘 안 내는 내가(사실은 많이 낼 수도 있다.) 갑자기 랩 하듯이 짧은 스페인어로 화를 내었다. 그 사람은 말해도 소용없다는 듯 어깨만 으쓱할 뿐이었다. 더 열이 받았다.

결국 렌즈 필터를 포기하고 수리한 카메라만 들고나온 나는 분이 풀리지 않아 같이 간 친구 아드리안에게 불평을 쏟아냈다. 도대체 왜 일을 이렇게 하지? 이해할 수 없어!

"오~ 해리온~ Lo siento(로 시엔또) 미안해. 하지만 여기는 멕시코야! 한국이랑 달라. 이해할 필요는 없지만 받아들여야 해."

순간 모든 것을 한국과 비교하며 불평불만을 했던 내가 부끄러웠다. 액세서리 하나 없다고 해서 큰일 나는 것도 아닌데 뭘 그렇게 화를 냈을까. 지금 생각해보면 그냥 넘어갈 수도 있는 일인데 난 왜 이렇게 화가 쌓여 있었을까?

새로운 세계에 오니 새로운 나와 마주했다. 내가 이렇게 허당미가 넘친다는 것도, 의외의 것들에 민감하다는 것들도 알게 되었다. 새로운 세상에 왔는데 어떻게 익숙한 세상에 있던 것처럼 마냥 편하겠어? 다른 것, 불편한 것 모두 익숙해지겠지. 이 과정 모두 즐겨보자.

멕시코에서 내게 참 큰 힘이 되어 주었던 아드리안.
어리지만 성숙한 생각을 갖고 있던 네가 참 듬직했다.

슬슬 발동을 걸어볼까

어느덧 우남대학교도 개강을 했다. 우남대학교에 다니는 현지 친구들이 학교에 오기 시작했다.

"너 정말 많이 늘었다! 나 진짜 놀랐어!"

우울해 있는 나에게 용기를 주려고 했던 것인지, 진짜 실력이 는 것인지 알 수 없지만 오랜만에 만난 친구들의 칭찬에 조금 자신감이 생겼다.

학교생활이 점점 재밌어졌다. 친구들의 공강 시간마다 함께 어울리며 삶에 활력이 생겼다. 친구가 다니는 공과 대학에 잘생긴 교수가 있다고 해서 구경도 가고, 다른 학부의 카페테리아를 탐방하며 음식 평가도 하고, 세페에서 제공하는 이런저런 이벤트에도 참여했다.

이렇게 직장을 때려치우고 온 것을 절대 후회하지 않을 만큼 나의 로망을 갈 실천해주는 학교생활이 시작되었다. 매일 아침 예쁜 꽃과 나무가 가득한 학교를 산책하며 교실로 향하고, 수업 시간에 하나하나 알아가면서 배움의 기쁨도 느끼고, 공강 시간마다 어학당 앞 매점에서 파는 신선한 과일 주스를 먹으며 친구들과 재잘거리며 수다도 떨고, 가끔 학교 박물관이나 맛집을 찾아다니며 추억도 쌓기도 했다. 이제야 내가 꿈꿔오던 생활들이 시작되는 것 같았다.

우리나라 벚꽃처럼 멕시코의 봄을 알리는 하까란다(Jacaranda)

살사, 넌 매력이다

　세페에서는 본 수업 외에도 교양 수업을 신청할 수 있는데 그
중에 가장 인기가 많은 수업 중의 하나가 살사 수업이다. 첫 번째
수강신청 때는 선착순에 밀려 신청에 실패했지만 두 번째 수강신
청 때 성공할 수 있었다.

　멕시코에서 살사는 남녀노소 많은 사람이 추는 대중적인 춤
이다. 많은 가정에서 부모가 자녀들에게 가르쳐 주기도 하고 학
교에서 배우거나 따로 배운 적 없이 자연스럽게 파티하러 다니며
습득하기도 한다고 한다.

　설레는 마음으로 살사 수업을 듣기 시작했다. 다양한 국적의
사람들이 모여 스텝부터 천천히 배우기 시작했다. 천천히 배우는
데도 몸치인 나는 따라가기가 버거웠다. 사람들은 쉽게 하는 것
같은데 난 왜 이 간단한 동작조차 안 되는가.

하지만 스파르타 스타일의 열정적인 여자 교수님의 지도로 땀이 날 정도로 반복 학습한 결과, 시간이 지날수록 기본 동작에 익숙해졌다.

어느 날, 멕시코 친구들이 아직 턴도 제대로 못하는 살사 새내기인 날 데리고 살사바에 갔다. 환한 거실 조명에 마치 치킨집 같은 친근한 분위기의 살사바에는 꽤 많은 사람들이 이미 술을 마시며 춤을 추고 있었다. 우리도 소파 자리에 자리를 잡고 스테이지에 섰다.

바차타, 레게톤 등 다양한 장르의 춤과 노래를 즐길 줄 아는 아비. 아무 설명 없이 수준급 춤 실력으로 리드해서 몸이 절로 따라가게 만드는 아단. 조곤조곤 차분히 알려주며 그저 즐기라고 해주는 아단의 삼촌 오마르. 쉬운 동작 위주로 반복해서 설명하며 눈높이 수업을 해주는 아드리안. 살사 고수인 친구들이 이끌어주는 대로 나도 몸을 흔들기 시작했다.

정신없이 스텝을 따라가며 추다 보니 처음에는 동작 신경 쓰느라 잘 들리지 않던 살사 음악도 들리기 시작했다. 살사를 추면서 내 안에 숨어 있던 흥이 나오기 시작했다.

빠르지도 느리지도 않은 살사 리듬에 맞춰 발을 동동거리기도 하고 미끄러뜨리기도 하고, 몸이 가는 대로 하고 싶은 대로 턴도 돌면서. 비록 덜 녹은 쭈쭈바처럼 뻣뻣한 몸이었으나 마음만은 전문 댄서가 된 양 자유를 느끼며 춤을 췄다.

둘러보니 다들 저마다의 스타일로 살사를 즐기고 있었다. 주로 턴을 하는 사람, 손과 발을 현란하게 놀리는 사람, 상대의 눈을 보며 교감에 더 집중하는 사람. 어떤 방식에 얽매이지 않고 느낌을 몸으로 표현하는 사람들이 행복한 표정으로 춤을 추고 있었다.

그리고 엄마와 아들, 아빠와 딸, 부부, 친구와 삼촌, 나이를 가리지 않고 함께 춤을 즐기는 게 참 인상적이었다. 춤 실력과는 상관없이 즐거워하는 사람들을 보니 참 예뻐 보였다.

멕시코에 다녀온 이후로 내가 좋으면 좋고, 춤추고 싶으면 출 수 있는 용기가 생겼다. 그동안은 남들이 이상하게 볼까 봐 내 안에 콩콩거리는 흥을 숨겨놓았지만 이제는 남의 시선보다는 내 감정과 느낌이 더 중요하다는 걸 깨달았다. 남들이 어떻게 생각할까보다는 내가 즐거운 것이 더 먼저가 되었다. 덕분에 진정한 나에 조금 더 가까워진 것 같다.

비록 택시에서 내리다가 발목을 삐끗해서 살사 선생님과의 상의 끝에 살사 수업을 중도에 포기할 수밖에 없었지만 나는 이렇게 멕시코에서 살사의 매력을 알게 되었다.

한국에 돌아와 대학 친구들과 함께 살사를 배웠다. 여전히 뻣뻣한 몸이었지만 친구들과 함께 즐겁게 살사를 췄다. 라틴 음악을 들으며 빙글빙글 돌고 스텝을 밟으며 자유로워지는 기분이란. 잘 추든 못 추든 그 순간을 즐길 수 있게 되었다. 이렇게 뜻밖에 멕시코에서 인생 취미를 만났다.

데킬라 박물관 라운지에서 춤추는 댄서들

따뜻한 환대

　　한국에서부터 알고 지낸 멕시코 친구 아단의 가족들이 집으로 초대해주셨다. 나는 가벼운 마음으로 초콜릿 하나를 사서 갔는데, 일가친척이 모두 모여 나를 기다리고 있었다.

　　가족들은 분주하게 식사 준비를 하고 있었다. 한쪽에서는 바비큐를 굽고 있었고 한쪽에서는 또르띠야를 반죽부터 굽기까지 정성을 들여 만들고 계셨다. 또르띠야는 만들기가 번거로워 보통 사 먹는 경우가 많은데 나를 위해 또르띠야까지 만들어 주셔서 몸 둘 바를 몰랐다.

　　나도 돕고 싶다고 가르쳐 달라고 했다. 보기에는 쉬워 보였는데 내가 만드는 건 찢어지고 갈라져서 버리거나 반죽을 이어 다시 만들어야 했다. 온 가족이 나를 보며 웃고 재밌어 했다.

91

흥겨운 분위기 속에서 바비큐를 또르띠야에 싸서 타코를 해 먹었다. 그 동안 먹었던 어떤 타코보다 맛있었다. 옥수수 가루로 만든 고소한 또르띠야에 구운 선인장을 넣고 고기와 야채, 각종 양념을 넣어 둥그렇게 말아 입에 넣으면 삼겹살을 상추쌈 해 먹는 것만큼이나 꿀맛이었다.

가족들은 나를 위해 불꽃놀이를 해준다며 집 밖으로 나를 이끌었다. 멕시코에서는 생일이나 특별한 날 자주 불꽃놀이를 한다. 잘 모르는 외국인들은 총소리라고 오해하기도 하지만.

타닥타닥 타오르는 불꽃들. 검은 하늘을 수놓는 불빛을 보며 너무나 행복하고 사랑받는 느낌에 나도 모르게 울어버렸다. 이렇게 따뜻한 환대라니. 정말 감사했다.

멕시코 사람들이 정이 많다더니 생각보다 더 친절하고 순수하다. 멕시코에서의 하루하루가 감동이고 사랑이다.

참 오길 잘했다.

참 정이 많은 아단의 가족들

구하라, 길이 열릴 것이다

살다 보면 운명 같은 순간들을 마주할 때가 있다. 파울로 코엘료의 〈연금술사〉의 유명한 한 구절에서도 말하듯이, 우리가 무언가 간절하게 원할 때 온 우주는 우리의 소망이 실현되도록 돕는다. 멕시코에 올 때도, 그리고 멕시코에서도 이 말이 진실임을 체감할 순간이 종종 있었다.

멕시코행을 결정하기까지 소심한 나의 멘탈을 잡아주었던 여러 에피소드들과 사람들이 있었다. 멕시코행을 결정하고도 막막하고 멀기만 하던 이 길까지 무난히 올 수 있도록 이끌어준 나의 스페인어 멘토 이형우 선생님이 계셨고, 운 좋게 한국에서부터 알아온 멕시코 친구들 덕분에 낯선 땅에 순탄히 적응할 수 있었다.

그리고 다시 한번, 위기의 순간에 힘이 되어 준 일이 생겼다.

멕시코에 온 지 약 4개월 차, 한국에서 예상했던 예산보다 더 많이 쓰는 바람에 잔고가 떨어져 갔다. 멕시코 음식이 너무 맛있어 많이 사 먹은 탓도 있지만, 카메라와 휴대폰을 고치는 데도 예상치 못한 돈이 들었다. 친구들과 틈나는 대로 놀러 다니는 바람에 돈이 훅훅 떨어져 갔다. 한국에서 멕시코로 떠나겠다고 결심하고 퇴사 전까지 열심히 돈을 모아왔지만, 나중에 남미 여행까지 하려면 턱없이 부족한 돈이었다. 하지만 예산이 부족해서 한국에 되돌아가기는 싫었다. 일을 구할 수도 없고 나날이 걱정만 늘어갔다.

그때 마침 누군가 기다렸다가 짠하고 선물을 주듯이 기막힌 타이밍에 일자리가 나타났다. 가끔 멕시코 한인 커뮤니티에 들락거리며 혹시나 좋은 정보가 없을지 봐왔던 나는 솔깃한 채용공고를 보게 된다.

이 단기 일자리는 곧 있을 대한민국 대통령 멕시코 순방 행사 때 함께할 운영요원을 뽑는 것이었다. 현지 정보와 언어에 능통한 자를 선발한다고 되어 있어 자신이 없었지만 밀져야 본전이라는 생각으로 지원했다.

나는 순방 행사에 온 한국 기자들의 취재 활동을 도와주는 업무로 지원했다. 나는 한인 교포나 유학생들보다 현지를 잘 알지는 못하지만, 대학 시절 방송 기자 활동이나 대외활동했던 경력들을 최대한 엮어내며 어필했고 내 간절한 마음이 통했는지 운 좋게 선발되었다.

며칠 간 순방 행사의 프레스센터가 있는 호텔에 머물며, 피곤했지만 멕시코의 정보통인 한국 교포와 유학생들을 만나 즐겁게 일할 수 있었다. 그리고 덕분에 짭짤한 수입을 얻어 생활비에 보탤 수 있게 되었다.

참 운이 좋았다. 하필 내가 있는 동안 한국 대통령의 첫 공식 방문이 있었고, 재정적으로 고민하고 있을 때 이렇게 짧고 굵게 일을 할 수 있다니! 거기다가 이때 함께 일했던 한국친구들과 교류하며 멕시코의 생활을 한층 깊게 느낄 수 있었다. 특히 동갑내기 친구들과는 동갑모임을 결성하여 자주 어울렸다. 이 친구들과는 만난 지 얼마 되지 않았지만, 성향도 비슷하고 각자 추구하는 삶의 방향이 비슷해서인지 금세 친해졌다.

어떤 친구들은 의사나 변호사가 되길 꿈꾸며 유학하던 친구도 있고, 타지에서 사업을 운영하던 친구도 있었다. 각자의 길을 모색하며 묵묵히 걸어가는 그들이 모두 대단해 보였다. 본받을 점이 많은 친구를 만날 수 있어서 기뻤다.

대통령 순방행사 프레스 센터

다시 해야 할 이유

어학연수 생활에 한참 즐거움을 느끼고 있던 때, 기말고사의 압박이 생기기 시작했다.

어학당의 기말고사 평가는 총 4단계, 문법/듣기시험, 작문시험, 말하기(1:1 인터뷰 / 짝지어 대화하기)로 구성되어 있다. 일정 점수를 통과하지 못할 경우 다음 레벨을 수강할 수 없다.

우리 반에도 몇 명의 현재 레벨의 재수강자가 있다. 나름 공부를 했음에도 불구하고 주로 말하기 점수나 작문점수가 낮아서 떨어지는 경우가 많다. 재등록 학생 중의 절반은 현재 레벨 3번째 재수강 중이다. 그만큼 실력이 안 되면 다음 단계에 못 올라가게 엄격하게 되어있다. 나도 공부를 열심히 하지 않아서 통과를 못 할까 봐 불안감이 엄습했다.

갑자기 진도가 쭉쭉 나갔다. 7주 사이에 무려 260페이지나 나갔다. 모르는 난어를 징리하고 점점 많아지는 숙제량과 쏟아지는 단어를 주워 담느라 정신이 없었다.

스페인어의 핵심이자 가장 짜증 나는 시제 변형과 불규칙 동사들 때문에 괴로웠다. 스페인어에는 동사 하나도 과거, 불완료 과거, 미래, 현재, 인칭별 변형을 다 외워야 하니 머리가 터질 것 같았다. 규칙인 경우에는 따로 외우지 않고 감으로 할 수 있지만 아직 불규칙을 다 정복하지 못했다. 외워도 외워도 끝이 없고 자꾸 잊어서 원래 암기에 약한 나는 더 미칠 것 같았다.

나는 사실 공부보다는 친구들과 어울리는 시간이 더 많았기 때문에 더 두려웠다. 나 왜 이렇게 못하지? 그리고 분명 배운 단어인데도 기억이 나지 않았다. 비록 핑계였더라도 공부하겠다고 와 놓고는 공부가 하기 싫었다.

나는 멕시코에서 장기간 공부하지 않고 2코스에서 3코스 정도 수료한 후 남미 여행을 떠날 예정이었기에, 재수강은 절대 싫었다. 그리고 스페인어가 능숙하지 못해 곤란한 상황들을 몇 번 겪으면서 더 스페인어를 잘하고 싶었다.

갑지기 할머니 할아버지가 떠올랐다. 내가 대단한 공부를 하러 간 것으로 알고 있는 우리 할머니 할아버지. 처음으로 스카이프로 시골집에 전화를 했다. 전화를 하자마자 변함없는 할머니의 목소리가 들렸다.

"할머니~ 나 해령이."

"아이고 해랭이? 보고 싶어 죽겠다. 잘 지내냐?

"응 나 아주 잘 지내 할머니는?"

"똑같지. 할아버지 바꿔줄게."

"해랭이냐? 잘 지내고 있냐? 보고 싶다. 어떻게 기다린다냐.
할아버지가 보고 싶다."

눈물이 자꾸 나오고 목이 메어 말을 할 수 없었다. 겨우 단어
로 조금씩만 이어갈 수 있었다.

"몸 건강하고 잘 지내고 와야 한다. 어서 와."

"응 저 아주 잘 지내고 있으니 걱정 마세요."

"응 걱정 안 하련다. 곧 만나자."

"할아버지도 그때까지 건강히 잘 계셔야 해요."

"응 전화 자주 혀~"

열심히 살자 그리고 자랑스럽게 한국에 가자. 난 할 수 있다!
아자! 다시 목적을 세워 열심히 살아야겠다 생각했다.

시험이 코앞으로 다가왔다. 한국에서 온 대학생 친구들이 함
께 단어스터디를 하자고 초대해줬다. 나이 차가 많이 나서 외면
할 법한데도 참 잘 챙겨줬던 욜로노스들. 이 친구들과 이틀에 한
번꼴로 100개의 단어씩 외우며 벼락치기를 했다. 일어나서 새벽
에 다시 공부하고, 단어를 외웠고 약속을 최소화했다.

다행히 시험은 무사히 통과했고, 부담감을 떨쳐낸 내 멕시코
에서의 생활은 더욱 무르익어갔다.

세페의 유쾌한 수업시간

무(모)한 도전! 강단에 서다

직장도 퇴사하고 굳은 결의로 멕시코까지 날아왔겠다, 그냥 공부하고 여행하는 것으로는 성이 차지 않았다. 뭔가 뜻깊은 것을 해보고 싶다, 혹은 도전하고 싶다는 생각이 생겼다.

한국어 배우는 학생들에게 특강을 한번 해볼까? 한국을 알고 싶어 하는 학생들을 상대로 한국의 전통과 문화에 대해 알리고, 독도에 대해서도 알리자는 생각이 들었다.

하지만 이때까지만 해도 이 즉흥적인 아이디어로 시작한 일이 감당할 수 없을 만큼 커져 버릴 줄은 상상도 하지 못했다.

시작은 이러했다. 나는 멕시코에 오기 전에 멕시코에서 할 수 있는 정부에서 하는 대외활동을 신청했었다. 영어 또는 현지 외국어로 된 기사나 각종 정보 중에 한국에 대한 잘못된 사실을 기록하고 있는 것들을 찾아 시정될 수 있도록 노력하는 활동이다. 만약 사이트나 기사에 독도나 동해 등에 대한 잘못된 표기나 설명이 있다면 담당자에게 이메일로 보내 수정을 요청하는 것처럼 온라인에서 한국에 대한 정확한 정보를 알리는 것이 목표였다.

막상 멕시코에서 오니 온라인으로만 활동하기에는 뭔가 아쉬웠다. 멕시코까지 왔으니 오프라인으로 할 수 있는 것이 없을까?

그래서 멕시코 학생들을 대상으로 한국에 대해서 알리는 강의를 해보고 싶어서 이 대외활동의 담당 주무관에게 기획서를 써서 보냈다. 혹시나 팸플릿이라도 받을 수 있을까 하는 가벼운 마음으로.

다행히 담당 주무관은 이 프로젝트에 큰 호응을 해주셨다. 내가 속한 활동의 기반은 온라인이지만, 오프라인으로도 한국에 대한 정확한 정보를 전달하면 좋을 것 같다면서, 전폭적인 지원을 해주고 싶다고 하셨다.

한복이나 전통 놀이기구는 멕시코에 있는 한국문화원 통해서 빌려줄 수 있도록 협조공문을 보내준다고 했고, 한국에서 강연에 참석한 사람들에게 줄 수 있는 간식까지 사서 보내준다고 했다.

흔쾌히 승낙을 받아 좋긴 한데 막상 지원을 많이 해주신다고 하니 약간 두려웠다. 나 혼자 작게 하려던 일이 갑자기 국가에서 지원해주는 행사가 된 것 같아 책임감에 마음이 무거웠다. 압박감이 들었다.

우선 강의를 할 한국어반을 섭외하기 위해 멕시코 친구들에게 우남 대학교에서 한국어 공부를 하는 친구들을 소개받았다. 그 친구들을 따라가 한국어반의 시무에라는 선생님을 찾아뵙고 내 생각을 말씀드렸고, 다시 이메일로 내 소개와 계획서를 전달했다.

선생님은 좋은 생각이라고 하며, 다른 한국어반과 함께 진행하면 좋을 것 같다며 한국인 이 교수님을 소개해줬고, 이 교수님을 통해 다시 우남대학교 아시아 언어학부 학장님에게 이 소식이 전달되었다.

결국 나는 학장님의 초대를 받았다.

"한국의 전통과 문화에 대해 알리는 강의를 해보고 싶다고요?"

"네, 한국어반 학생들과 함께 한국에 대해 체험할 수 있는 활동을 만들어보고 싶어요. 여기 계획서에 작성된 것처럼 간단하게 한국에 관해 설명도 해주고 질문도 답해주고 한복을 입어볼 수 있는 시간을 갖고 싶습니다."

"음, 이거는 한국어반 학생뿐 아니라 다른 학생들도 관심을 가질 거 같은데 강당 하나를 빌려서 거기서 해보면 어떨까요?"

"가, 강당이요? (동공 지진)"

강당?! 너무 부담스러워서 괜찮다고 손사래 쳤지만 우선 보고 결정하라고 하셨다. 직접 가 본 강당은 생각보다 엄청나게 크지는 않지만, 강연이나 콘서트를 하는 곳이라 아담하고 좋았다. 약 150명 정도가 수용된다고 했다. 내 생각보다 엄청나게 많은 숫자…. 물론 이 인원이 꽉 차지 않을 테니 해보기로 했다.

준비 기간까지 약 한 달. 아직 스페인어가 자유로운 것도 아닌데 어떻게 이 강당 앞에서 발표하지? 한국말로 해도 어려운데 괜한 짓 벌인 것이 아닐까? 너무 두려웠다.

'내가 미쳤지. 하여튼 일 벌이기 선수다 선수. 네가 이렇게 행사를 이끌어갈 자격이 있어? 스페인어를 엄청 잘해서 매끄럽게 진행할 것도 아니고, 너무 일 크게 벌인 거 아니야?' 마음 속에서 자책의 소리가 들려왔다. 하지만 이미 엎질러진 물, 한국에서 보낸 물품과 간식도 도착해버렸다. 잘 수습하자는 각오로 사력을 다해 준비하기 시작했다. 자, 정신 똑바로 차리고 준비하자!

우선 대본부터 썼다. 한국관광공사에 있는 한국 소개 영문과 스페인어 페이지를 보면서 스페인어로도 쓰고 스페인어로 표현 안 되는 것은 영어로 썼다. 영어를 잘하는 멕시코 친구에게 부탁해서 스페인어를 다듬었다.

대본을 토대로 프리젠테이션을 만들고 발음이 좋은 멕시코 친구 클라우디아에게 부탁해서 내 대본을 녹음해달라고 부탁했다. 틈날 때마다 친구의 녹음본을 들으면서 스크립트를 외우려고 노력했다. 하지만 아직 스페인어가 원활하지 않아 외우는 데 시간이 오래 걸렸다.

일이 잘 안 풀릴 때면 두려움이 밀려와 후회되었다. 혼자 모든 걸 챙겨서 진행하는 것이 너무나 벅찼다. 그래서 행사진행표를 만들어서 친한 친구들에게 행사 당일의 진행 업무를 부탁했다. 강연 보조, 입장 안내, 기념품 나눠주기, PPT 넘기기, 사진 등등 어학원 친구와 일할 때 만난 스페인어 잘하는 한국 친구들이 함께 해주기로 했다. 각자의 일로도 바쁠 텐데도 선뜻 도와준다고 해서 너무나 고마웠다.

동시에 한국에서 보내준 물품을 받고 멕시코에 있는 한국홍보원에 들락거리며 빌릴 물품리스트와 계획을 조율해나갔다. 멕시코 한국문화원에서도 나 때문에 괜한 행사가 하나 더 생겨서 귀찮으셨을 텐데 너무나 친절하게 해주셨다.

학교 측에서는 포스터까지 만들어주셨다. 한복을 메인으로 한 그 포스터는 아시아어학부 페이스북에 업로드되었고 관심 있는 멕시코 친구들이 이 포스팅을 퍼가기 시작하면서 점점 홍보되기 시작했다. 페이스북에 업로드된 포스팅에 '좋아요' 수가 올라갈수록 내 마음은 더 두근대기 시작했다.

드디어 발표날이 되었다. 먼저 친구와 둘이 멕시코 한국문화원에 들러 우버 택시 중 제일 큰 차를 불러 학생들에게 나눠줄 한국 기념품, 책자, 한복, 간식 등을 실었다. 특히 마네킹이 제일 무거웠다. 친구랑 둘이 마네킹의 머리와 다리를 들고 낑낑대며 학교에 가지고 가는데 너무 무겁고 힘들었다. 벌써 지쳐버렸다. 발표 연습도 해야 하는데 짐 옮기는 데만 시간이 엄청나게 걸렸다.

행사 당일 도움을 줄 친구들도 속속 도착하기 시작했다. 각자 역할에 맞게 기념품과 책자를 전시해주고 한복도 무대 앞에 일렬로 정리해주었다. 대관 시간이 짧아 시작 시간이 얼마 남지 않았는데 프로젝터도 설치되지 않아 다급해졌다. 리허설을 해볼 시간도 없었다. 대본도 아직 제대로 못 읽어봤는데 너무나 불안해졌다. 심장이 요동쳤다. 오늘 내 생각만큼 잘 될까? 잘 할 수 있지? 사람들이 와줄까?

야속하게 벌써 입장해야 할 시간이 되었다. 이미 전부터 줄서 있던 사람들이 들어오기 시작했다. 입구에 있던 친구들이 태극기나 기념품을 나누어주고 독도에 관련된 홍보물도 나눠주었다. 사람들이 밝은 모습으로 들어와 안심되었다.

얼마 지나지 않아 발표의 시간이 다가왔다. 학장님이 단장에 올라 나를 소개해주셨다. 이어서 한복을 입은 내가 무대에 올랐다. 당당해 보이려고 한껏 웃으며 올라갔지만, 손에서 땀이 나는 걸 느꼈다. 마이크를 잡은 순간 갑자기 머리가 새하얘졌다. 목소리가 떨리고 입술이 바짝 말랐다. 인사를 하는데 염소 목소리가 나왔다. 슬쩍 학장님을 바라보니 학장님 표정이 안 좋아 보였다. 숨이 턱 막히고 아무 말도 못 할 것 같았다. 그 찰나의 시간이 너무나 길게 느껴졌다.

'아, 망하면 안 돼! 정신 차려!'

가까스로 진정하고 다시 마이크를 바짝 잡았다. 긴장을 풀기 위해 나도 모르게 대본에 없던 농담을 했다. 사람들이 손뼉 치며 웃어주었다. 조금씩 긴장이 풀어졌다. 나도 분위기를 타서 즐기면서 발표를 하기 시작했다. 다행히 그동안 연습을 해서 그런지 대본을 많이 보지 않고도 말을 이어나갈 수 있었다. 사람들은 내가 말하는 중간중간 웃어주고 환호해주었다. 참 착한 멕시코 사람들!

어느새 강당 계단에도 사람들이 앉을 만큼 많은 사람으로 강당이 꽉 찼다. 우선 한국의 사계절과 한옥과 한식, 한글의 우수성, 국기의 뜻 등 한국에 대한 기본적인 소개를 하고 독도와 여행 정보에 대해서도 이야기했다. 그 다음은 멕시코 친구들에게 한국에 대해 질문 받았던 인터뷰 영상을 보여주고 현장에서 답변하는 식으로 멕시코 친구들이 궁금해할 내용을 해소해주었다.

자유롭게 질문할 수 있는 시간도 마련했는데 생각보다 많은 친구들이 깊이 있는 질문을 해주었다. 외국인도 한국에서 일할 기회가 있는지, 한국은 왜 게임을 잘하는지, 한국의 문학과 결혼 문화 등 내가 답변하기에도 다소 심오한 내용도 있었다. 평소에 아시아 문화에 관심이 많은 사람들 같았다. 내가 답변하기 어려운 것은 미리 부탁해 놓았던 멕시코에서 유학하는 친구들에게 마이크를 넘겨 대신 답변하게 했다.

그 다음에는 한복체험 시간을 준비했는데 생각보다 많은 인원이 와서 꽤 많은 한복을 준비했는데도 돌아가면서 입기엔 시간이 부족할 것 같았다. 계획을 변경해서 입장 시에 나눠 준 번호로 즉석에서 추첨을 해서 선정된 사람들만 한복을 입을 수 있게 했다. 사람들이 한복을 입는 동안 좀 어수선해질 뻔했는데 한국어 학부 교수님께서 한복에 대해 자세히 설명해주셔서 관객들에게 더욱 알찬 시간이 되었다.

마지막으로 퀴즈를 내서 정답자에게 선물도 주었다. 반응이 아주 뜨거웠다. 퀴즈까지 끝나고 행사가 끝났다. 드디어 끝났다는 안도감과 조금 더 잘 발표했으면 좋았을 걸 하는 아쉬움도 들었다.

행사가 끝나고 많은 사람이 무대 쪽으로 와서 같이 사진을 찍자고 했다. 연예인이 된 것 같았다. K-POP 잡지사의 기자가 다가와서 오늘 내용을 실어도 되냐 물었고, 한 유튜버는 오늘 강연한 영상을 유튜브에 올려도 되냐고 물었다. 사람들이 엄청 알차고 즐거운 발표였다고 칭찬해줬다. 엄청난 부담감을 안고 시작했지만 결국 잘 끝나서 후련하고 뿌듯했다.

이후에 멕시코 케이팝 잡지 페이스북에 이 소식이 실리기도 했고 한국인 멕시코 특파원이 코리아넷에 내 기사도 올려주셨다.

그리고 이 강연을 들었던 한 학생이 본인이 사는 지역에서 두 번째 강의도 해줄 수 있냐는 제안을 이메일로 보내왔다. 뜻밖의 기회였다. 망설일 것 없이 승낙했다.

두 번째 강연은 파로 밀파 알타(Faro Milpa Alta)라는, 지역 멕시코 국립 문화 센터에서 진행되었다. 이곳은 지역주민 및 지역 예술가들을 대상으로 여러 가지 프로그램을 무료로 지원해주고 교육해주는 곳이다. 해당 지역의 전통공예와 소수민족의 방언을 보존하기 위한 활동을 하고 지역 축제도 연다고 한다. 워낙 큰 나라이고 지역별로 전통이 뚜렷한 곳이라 이런 노력이 꼭 필요할 것 같았다.

이번 강연은 저번만큼 지원을 받기 어려웠기에, 멕시코 한국 문화원에 부탁드려 한복만 일부 빌렸다. 이번에는 한국에 관심이 별로 없는 지역 주민 및 지역 예술가들을 위한 강연이었기에 한국에 대한 설명은 짧게 하고 한복 입기와 한글 써보기와 같은 체험을 위주로 준비했다.

강연 당일, 갑자기 엄청난 폭우가 내렸다. 전철과 버스를 타고 2시간이 넘어 겨우 센터에 도착했다. 내가 도착한 이후에는 천둥이 치고 자동차의 바퀴가 다 잠길 정도로 비가 세차게 내렸다. 이런 날씨에 누군가 와주기나 할까? 걱정되었다.

우여곡절 끝에 센터에 들어서니 직접 그린 태극기로 꾸며진 강의 포스터가 곳곳에 붙어 있었다. 이번 강연을 제안해준 레이나와 친구들도 강연 준비를 도와주겠다며 비를 뚫고 와 주었다. 고마웠다.

    강연 시간이 가까워져도 관계자 몇 명만 간이 의자에 앉아 있었고, 주민들이 오지 않았다. 나 같아도 이런 폭우 속에서, 한국에 대해 큰 관심이 없다면 오지 않을 것 같았다.

    우리는 15분 정도 강연 시간을 조금 미루기로 했다. 다행히 그사이, 약 10명 정도의 주민들이 자리를 채우기 시작했다.

    이번에는 저번의 경험으로 자신감이 생겨서 그런지 하나도 떨리지 않았고 주민들과 눈을 맞추며 대화하듯이 발표를 시작해 나갔다.

    "여러분들은 한국에 대해서 어떤 걸 아시나요?"

    "북한?(관중들 한바탕 웃음)"

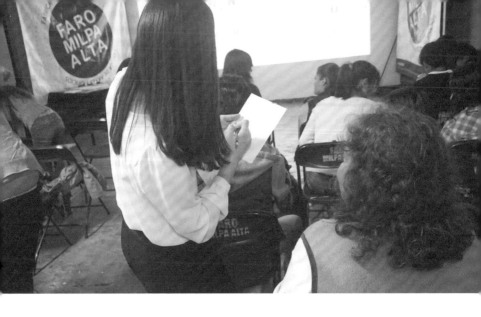

　　남미여행을 할 때도 느꼈지만 생각보다 중남미 사람들은 한
국에 대해 잘 모르는 경우가 많다. 북한인지 헷갈려하는 사람들
도 많고 그냥 아시아의 한 국가로만 알고 있는 것이 대부분이었
다.

　　"BTS!"

　　멕시코에서 BTS를 알고 있는 사람이 있다니?! 초롱초롱한 눈
망울을 하고 있는 여학생 셋은 BTS의 팬이라 했다. 당시에는
BTS가 우리나라에서 크게 알려진 그룹이 아니었기에(나도 사실
그룹명만 알았고 잘 알지 못했을 때였다.) 멕시코에 BTS팬이 있
다는 것에 적지 않아 놀랐다. BTS의 신화는 이때부터 조금씩 시
작되었나 보다.

오늘은 한국에 대한 기본적인 내용을 알려주고 한글로 멕시코 이름을 쓸 수 있는 체험의 시간을 가졌다. 한국어를 배우는 친구들이 어려워하는 주민들을 도와줬고, 사람들이 곧잘 따라 해서 본인의 이름을 한글로 써 내려갔다. 너도 나도 신기해하며 자신만의 이름표를 만들었다.

강연을 마무리할 때쯤엔 비 때문에 늦게 온 사람들 때문에 더 많은 사람이 함께했다. 마치 축제에 온 것처럼 한복을 입어보며 즐거워하는 모습을 보니 뿌듯함에 희열을 느꼈다. 내 나라 한국에 대해 알린다는 기쁨이 이렇게 클 줄 몰랐다.

즉흥적인 생각에서 시작된 강연이었기에 처음에는 내가 과연 할 수 있을까 후회도 많이 했었지만, 막상 해내고 보니 할 수 있었다. 혼자 했으면 해내지 못했을 일, 많은 사람의 도움으로 만들어나갈 수 있었다. 멕시코에 오기로 한 결심의 순간부터, 나의 한계가 조금씩 넓어지고 있는 것 같다.

여행 말고 어학연수

어딘가 떠나려면 나 스스로 합리적인 핑계가 필요했다. 그것이 내게는 어학연수였다. 그냥 여행으로도 충분히 행복하겠지만 좀 더 나에게 도움이 될만한 경험이 필요했기 때문이다. 하지만 이 또한 고민이 되었다. 너무 늦은 건 아닐까? 어학을 배워서 내 인생에 도움이 될까?

직장인 어학연수, 직장인 유학, 여러 번 검색도 해보고 주변에 자문도 구했다. 처음에는 어학연수를 하기 위해서는 너무 큰돈을 투자해야 한다는 것이, 그리고 이미 스물아홉(한국 나이 서른)이 어학연수를 가는 건 너무 늦다고 생각해서 포기했었다. 하지만 직접 경험해본 직장인의 해외 어학연수, 강력 추천이다.

늦은 나이에 떠나도 괜찮을까? 왜 고민했나 싶을 정도로 막상 떠나보니 아무것도 아니었던 서른이라는 나이. 오히려 학생 때 온 것이 아니라 직장 경험을 하고 온 후에 온 거라 더 도움이 되기도 했다.

우선 경제적으로 비교적 걱정 없이 할 수 있다. 학생의 경우 대부분 부모님의 제정적 도움을 받아 오는 경우가 많다. (물론 일부는 아르바이트나 워킹 홀리데이 등을 통해 경제적으로 독립한 상태에서 어학연수를 하기도 하지만.)

직장인의 경우 본인이 열심히 일한 대가로 그동안 차곡차곡 모은 자금과 퇴직금으로 비교적 자유롭게 자금 조달이 가능하다. 즉, 예산 안에서 마음껏 할 수 있다는 것. 누구의 간섭도 없이 내가 하고 싶은 대로 할 수 있는 게 얼마나 큰 장점인지 모른다.

또한 늦깎이에 어학연수를 가게 되면 목적에 집중하기 쉽다. 이제 우리 나이쯤 되면 내가 무엇을 좋아하고, 싫어하는지 이미 경험한 상태. 어릴 때처럼 호기심을 해소하기 위해 시간을 쏟지 않아도 된다. 좋아하는 것, 하고 싶은 것, 해야 하는 것 위주로 하면 된다.

경험 중시파인지, 지식 중시파인지에 따라 공부 패턴과 강도를 달리하면 된다. 본인의 색에 맞게 목적을 설정한다면 만족스러운 유학생활을 할 수 있을 것이다. 참고로 나는 경험 중시파로, 책상 앞에서 공부를 하기보다는 많이 놀았다.

대신 알찬 어학연수를 하고 싶다면 명심해야 할 것도 있다.

어학의 기초 문법은 확실히 공부하고 가는 것이 좋다. 어학연수를 갔다 온 사람은 알겠지만 현지에서 공부하는 것은 큰 이득이다. 하지만 탄탄한 문법이 바탕이 되어야 현지에서 눈에 띌 만큼 향상할 수 있다.

어학연수지에서 문법을 배우면 해당 언어로 배우는 경우가 많기 때문에 이해가 더딜 수 있고, 한국어의 특성에 맞게 가르쳐주지 않아 헷갈릴 소지가 다분하다. 또한 현지에서는 표현력이나 회화에 중점을 두기 때문에 문법 교육이 약하다.

어학연수를 갔다면 집 안에 틀어박혀 공부만 하지 말 것! 문화를 이해하라. 어떤 친구는 멕시코 현지에서 집 안에 틀어박혀 공부만 했다. 성격상 현지인과 어울리는 것을 그다지 좋아하지 않았고, 어학원에서 만난 같은 문화권의 비슷한 수준의 어학실력을 가진 학생들끼리만 놀아서 나중에 아쉬웠다고 한다.

어학은 단순히 교과서의 내용을 이해하는 것이 아니라 해당 문화를 얼마나 잘 이해하느냐, 소통이 가능하냐에 따라서도 실력의 차이가 난다. 이왕 현지에 갔으면 많은 걸 경험했으면 좋겠다.

저마다의 다양한 이유로 해외에서 공부하는 것을 고려 중이라면 용기를 내서 가보는 것을 추천한다.

CEPE의 친절하고 유쾌한 우르슬라와 아르뚜르 선생님

3부

멕시코 여행 노트

멕시코에도 피라미드가?

멕시코의 수도인 멕시코시티는 스페인 침략 전, 아즈텍 제국의 옛 수도 테노치티틀란이기도 했다. 또한 해발 2,240m에 있는 고지 도시다. 이곳 멕시코시티에 오면 반드시 들리는 유적지가 있으니 바로 '테오티우아칸'이다.

멕시코 도착한 다음 날, 바로 테오티우아칸으로 여행을 갔다. 가이드 하나에 7명의 여행객을 태운 봉고차를 타고 가이드의 설명을 들으며 광활한 테오티우아칸 지역을 둘러봤다.

멕시코시티 북서쪽에 위치한 테오티우아칸은 아메리카 대륙에서 가장 큰 피라미드 유적이다. 이집트가 아닌 멕시코에 피라미드가? 그렇다. 심지어 멕시코는 세계에서 가장 많은 피라미드가 있는 나라이다.

테오티우아칸은 아메리카 대륙이 발견되기 전에 가장 크고 번성했던 도시이며, 이곳에는 신전 역할을 했던 '태양의 피라미드' 외에 '죽은 자의 길'이라 부르는 대규모의 고대 주거단지가 세워져 있다.

멕시코의 피라미드는 우리가 생각하는 이집트의 피라미드와는 다르게 꼭대기가 평평하게 만들어져 있어, 왕의 무덤이 아닌 신전임을 알 수 있다고 한다.

피라미드의 꼭대기는 끝없는 계단을 올라야만 도달할 수 있었다. 우리는 그늘 하나 없는 땡볕에서 숨을 헐떡거리며 올랐다. 밑에서는 다 보지 못한 드넓은 피라미드 존이 보였다. 그 옛날 옛적에 이런 거대한 피라미드를 건설하려고 얼마나 많은 사람이 희생되었을까?

피라미드 하나만 올라가려고 했는데 가이드가 뷰가 다르다며 꼭 하나 더 올라가야 한다고 해서 꾸역꾸역 하나를 더 올라갔다. 계단도 가파르고 높아서 힘들었지만 일행들과 이런저런 이야기를 하며 올라가며 많이 친해졌다. 바람이 머리를 간지럽혔다. 피라미드 위에서 본 경치가 마음을 열어주는 것 같았다. 멕시코에 와서 피라미드를 올지 누가 알았겠는가. 이제야 내가 멕시코에 와 있다는 것이 실감이 나는 것 같았다.

데킬라 테마 박물관

멕시코의 홍대, 가리발디 광장

　멕시코 하면 가장 먼저 떠오르는 것은? 여러 이미지가 있겠지
만 애주가들은 테킬라라고 할 것이다. 그리고 또 다른 이미지로
는 멋진 연미복을 차려입고 고깔같이 생긴 커다란 모자를 쓴 연
주자들의 모습이 떠오를 것이다. 이 모습은 마리아치(Mariachi)
라는, 즉석에서 라이브 음악을 하는 악단인데 세계무형문화유산
으로 등록된 멕시코의 상징이라 할 수 있다.

　이 두 가지를 동시에 느낄 수 있는 멕시코시티의 가리발디 광
장(Plaza Garibaldi)이라는 곳이 있다. 이곳은 한국의 홍대처럼
가수들의 버스킹으로 노랫소리가 끊이지 않고 테킬라 테마 박물
관(Museo del tequila y el mescal)이 있어 테킬라와 메즈칼을
즐기기 좋은 곳이다.

테오티우아칸 투어에서 만난 친구들과 함께 가리발디 광장에 들어섰다. 듣던 대로 다양한 연미복을 차려입은 많은 신사 그룹들이 저마다 관객들에게 노래를 부르고 있었다.

이곳의 룰은 관객이 음악을 청하면 마리아치가 노래를 한 곡 불러주는 것이다. 그러면 관객은 적당한 공연비를 지불한다.

곳곳에서 벌어지는 공연을 호기심 있게 둘러보고 있는데 어떤 노신사와 눈이 마주쳤다. 그는 곧장 나를 바라보며 오더니 우릴 향해 진한(?) 눈빛을 쏘았다. 우리의 무언의 허락을 받아낸 그와 그의 밴드는 우리 일행 앞으로 와 연주하기 시작했다.

경쾌하고 밝은 곡이었다. 가사는 모르겠지만, 멜로디는 밝은데 슬픈 노래 같았다. 곡이 끝나고 우리는 힘껏 박수를 쳤다. 돈을 조금씩 모아 전달하니 그들은 쿨하게 웃으며 다른 곳으로 떠났다.

음악의 여운을 느끼며 바로 옆에 위치한 테킬라 박물관으로 갔다. 이곳은 테킬라와 메즈칼을 맛볼 수 있고 각양각색의 병을 전시해 놓아 시각적으로도 즐겁다. 박물관 옥상에는 루프탑 바가 있고 운이 좋으면 전통 공연까지 볼 수 있다.

테킬라 박물관은 기대 이상이었다. 박물관 전체가 술을 주제로 한 공예품으로 화려하게 장식되어 있었고 테킬라의 역사에 대해서도 보기 쉽게 되어 있었다.

루프탑 바에 앉으면 테킬라와 메즈칼을 무료로 준다. 마침 멕시코 전통춤 공연이 있어 우리는 술을 마시며 춤을 감상할 수 있었다. 알딸딸하고 기분 좋은 밤이었다.

마리아치 음악 듣기 ▶

강인한 프리다 칼로처럼

프리다 칼로(Firida Kahlo)는 1907년에 태어난, 멕시코의 초현실주의와 토속 문화를 결합한 화풍을 창시한 화가다. 그림 뿐만 아니라 아픔을 예술로 승화한 정신력을 높이 평가받는 세계적인 화가다.

멕시코시티의 코요아칸(Coyoacán)이라는 동네를 가면 그녀의 생가가 있다. 멕시코의 세계적인 화가인 프리다 칼로와 디에고 리베라가 살았던 곳, 일명 파란집(라 까사 아술 La casa azul)이다.

독일인 아버지가 그녀에게 독일 이름으로 '평화'를 뜻하는 '프리다'라는 이름을 붙여주었는데, 프리다 칼로의 삶은 이름처럼 평화롭지 않았다.

생가 벽면에 쓰여져있는 문구와 그들의 초상화

(프리다와 디에고, 1929년에서 1954년까지 이곳에 살다)

그녀는 어릴 적 소아마비로 왼쪽 다리를 절뚝이며 살아야 했다. 설상가상 사춘기 때 버스와 전차의 충돌사고로 인해 버스의 철골이 그녀의 배와 옆구리를 지나 자궁까지 관통해버리는 큰 교통사고를 당하면서 평생을 코르셋과 의료기기에 의지해 살 수밖에 없었다. 이런 그녀에게 또 다른 불행의 씨앗은, 디에고 리베라와의 결혼이었다.

그의 남편 디에고 리베라 역시 멕시코 최고의 민중 벽화가다. 멕시코의 과거와 미래를 그리는 벽화로 혁명 시기에 멕시코 사람들의 화합을 이끌었다는 평을 받는다. 하지만 그는 지독한 여성 편력가였다.

그녀는 디에고와의 불화와 유산 등의 불운을 겪으며 이 고통을 화폭에 적나라하게 담았고 이 그림들은 사람들에게 큰 울림을 주었다. 그녀는 거동이 불편함에도 불구하고 멕시코 전통 의상을 항상 멋스럽게 차려입었으며, 결혼 후에도 남편의 성을 따르지 않고 주체적으로 살아가는 당당한 여성이었다.

그래서인지 그녀의 그림에는 슬픔 속에서도 강인함이 느껴졌다. 처절한 고통 따위 내가 멋지게 이겨주겠다는 오기가 보인다. 어떤 역경이 와도 자신을 잃지 않았던 프리다 칼로. 그녀의 강인함을 닮고 싶다.

프리다 칼로 생가에 방문한다면 가기 전에 영화 〈프리다〉를 보고 가기를 추천한다. 평범해 보이는 화실과 화려했던 의상들, 보조 의료기구들이 다르게 보일 것이다.

프리다 칼로의 작업실과 그녀가 즐겨 입던 멕시코 전통 의상들

치아파스 즉흥 투어

멕시코에 온 지 열흘쯤. 연말이 되었다. 어학당 새 학기 시작이 아직 보름 정도 남았다. 그동안 아비의 따뜻한 집에 머물면서 테오티우아칸이나 테킬라 박물관 같은 관광지로 놀러 다녔다. 그때마다 같이 투어를 하거나 소개를 받아 멕시코 친구들을 알게 되었고, 그렇게 짧은 시간 동안 꽤 많은 현지 친구를 알아갔다.(멕시코 친구들은 친화력이 워낙 좋아 잠깐 만나도 친구가 된다.)

테오티우아칸 투어를 같이 했던 멕시코 친구 사만다(Samantha) 가족에게 초대받아 함께 저녁을 먹고 있었을 때였다. 사만다의 엄마가 연말에 무엇을 하느냐고 묻더니 솔깃한 제안을 했다.

"우리 가족은 매년 겨울마다 여행을 떠나. 이번에는 멕시코 남쪽 치아파스 주로 일주일간 다녀올 건데 우리와 함께 가지 않을래?"

사만다의 오빠인 카를로스(Carlos)는 치아파스 곳곳의 사진을 보여주며 날 유혹했다.

"정말 아름답지? 치아파스주는 엄청나게 큰 지역이고 밀림이 있어서 혼자 가기에는 어려운 곳이야. 우리와 함께 가자!"

사만다의 가족은 멕시코의 아름다움을 보여주겠다며 꼭 같이 갔으면 좋겠다고 했다.

"아, 아니에요. 저는 남아서 공부할게요."

마음속으로는 솔직히 나도 가고 싶었다. 이때 아니면 또 언제 갈 수 있을지 모르는 곳이라 더 미친 듯이 가고 싶었다. 그렇지만 흔쾌히 수락할 수 없었다. 아직 소통도 원활하지도 않은데 가족 여행에 끼는 것이 편치 않았고 공부하러 와서 너무 놀기만 하는 것 같아서 걱정되었기 때문이다.

사만다의 가족은 내 마음을 눈치챈 건지 더욱더 강력하게 함께하자고 제안해줬고, 결국 호기심이 죄책감을 이겼다.

"그럼 내일 출발할 거니까 간단히 짐 챙겨서 우리 집으로 와. 아침 일찍 출발할 거니까 오늘 우리 집에서 자고 내일 같이 떠나는 거야!"

맙소사, 바로 내일? 이렇게 우리의 즉흥여행은 시작되었다.

치아파스는 멕시코시티에서 꼬박 10시간 넘게 차를 타고 가야
하는 멕시코 남부의 주이다. 멕시코의 중앙에 있는 도시에서 남부
까지 10시간이 넘게 걸리다니. 역시 남한의 약 20배가 넘는 면적을
자랑하는 멕시코다. 서울에서 해남까지의 5시간이 최장 시간 버스
여행이었던 내게 10시간 넘게 구불구불 산길을 차로 이동하는 것은
고역이었다. 바깥 풍경은 너무나 아름다웠지만 즐길 수 없었다.

이때는 멕시코에 도착한 지 2주 정도밖에 되지 않아 스페인어로
대화하는 것이 어려워 친구들과 더듬더듬 스페인어로 대화를 이어
가기 위해서는 휴대폰으로 단어를 찾으며 집중해야 했고 그러다 보
니 더욱더 피곤해졌다. 아무리 여러 번 자고 일어나도 GPS에 찍힌
목적지까지의 시간이 줄지 않는 느낌이었다. 아직 여행이 시작도 안
되었는데 몸과 마음 모두 피곤했다. 이 여행 괜찮을까?

    달리고 달려 도착한 첫 번째 머문 도시는 툭스틀라 구티에레
스(Tuxtla Gutiérrez). 전통 악기 연주가 들리는 근사한 레스토
랑에서 첫 끼를 먹었다.

    이 한 끼가 지친 내 영혼을 위로해주는 듯했다. 멕시코 음식
은 어느 것 하나 빼놓지 않고 맛있다. 청명하게 울리는 마림바 연
주를 들으며 우리는 한동안 대화 없이 음식에 집중했다. 카카오
를 넣어 만든 몰레와 신선한 타코. 정성이 들어간 음식 덕분에 오
랜 시간 차를 탄 피로가 싹 사라지는 것 같았다.

    밥을 먹고 도시를 걸으며 찬찬히 구경했다. 마침 마림바 광장 (Jardín de la Marimba)에 마리아치들의 공연이 한창이었다. 주 말마다 저녁 6시부터 무료 콘서트를 연다고 했다. 멕시코는 음악 도 사랑하지만 춤도 사랑한다. 음악이 있는 곳이라면 어디든 출판이 벌어진다.

    커플 춤을 추는 사람도 있고 혼자 고독하게 몸을 흔드는 사 람도 있고, 근처 벤치에 앉아 음악을 감상하는 사람도 있었다. 우 리도 한참을 음악 소리를 들으며 밤거리를 걸었다.

마림바광장 분위기 엿보기 ▶

사만다네가 미리 예약한 숙소에서 잠을 청하고 둘째 날 아침이 밝았다. 가족들은 갑자기 쇼핑을 하러 가자고 했다. 오늘 계곡 가는 일정이 있다고 옷을 사러 간다는 것이었다.

사만다네 가족은 워낙 여행을 많이 다녀서 기본적인 틀만 미리 정하고 여행 기간 동안 굉장히 자유롭게 다닌다. 이 모습이 신선해 보였다.

미리 계획을 짜고 그에 맞는 준비물을 준비하는 여행과는 달리, 하고 싶은 대로 다니는 것이 처음에는 낯설었지만 나도 후에 남미 여행까지 마치고 오니 이해가 되었다. 이 전까지는 미리 일정표를 짜서 여행하던 나였는데 어느새 나도 이들처럼 즉흥 여행을 더 선호하게 되었다. 물론 미리 계획하면 좀 더 짜임새 있게 여행할 수 있겠지만 뜻밖에 발견하는 재미를 따라가는 것이 내게는 더 큰 매력으로 다가왔다.

나는 물놀이를 대비해 아쿠아슈즈와 잘 마를 소재로 된 옷들을 구매했다. 숙소 조식을 먹고 다시 차에 올랐다.

치아파스는 정말 아름다웠다. 스페인 정복자들 침략 당시 항복을 거부한 용사들이 스스로 절벽 위에서 뛰어내렸다는 슬픈 역사를 가진 수미데로 협곡 국립공원(Cañón del Sumidero)부터 푸른빛의 폭포들인 아구아 아술(Agua azul)과 미 솔 하(Mi sol ha), 화보같은 59개의 호수들 몬떼베요 호수(Lagos de Montebello), 야생 그대로를 옮겨놓은듯한 동물원 주맷(ZOOMAT-Zoológico Miguél Álvarez del Toro), 마야 문명의 최정점에 건설된 팔렌케 왕국(Palenque) 등 모든 여행지가 하나같이 감탄스러웠다.

멕시코 … 소코(Taxco)의 거리

일주일 정도 이어지고 있는 우리의 여행 중 어느 날, 숙소 가는 길에 동물원 나이트 투어가 있다는 푯말이 보였다. 친구들은 재밌어 보인다며 갈지 말지 상의하기 시작했다.

"너 동물원 나이트 투어 가고 싶어? 근데 이게 가격이 조금 비싸. 어떻게 할래?"

친구들이 내 의견을 물었고 나는 중립적인 답변을 했다.

"나는 가는 거 좋은데 너무 비싸면 안 가도 상관없어!"

내 말을 듣고 친구들은 약간 심각한 표정으로 다시 상의를 하더니 말했다.

"만약 돈이 없어서 가기 주저 되면 우리가 돈을 내줄게."

응? 나 돈 없다고 안 했는데 왜 그렇게 생각했지? 나는 혹시나 친구들이 비싸서 주저할까 봐 가도 좋고 안 가도 좋다는 식으로 표현한 건데 돈이 없으니 안 가고 싶다는 뉘앙스로 받아들였나 보다.

"아니야, 아니야 나 돈 있어. 그럼 나이트 투어 가자!"

내 스페인어가 부족해서 소통이 잘 안 된 것 같아서 마음이 불편했다. 가족들이 아무리 잘해준다지만 가족여행에 낀 느낌에다 말까지 잘 안 통하니 괜히 스스로 위축되는 것 같았다. 아무것도 아닌 일인데 신경 쓰는 나도 싫었다.

약간은 찜찜한 마음으로 나이트 투어에 입장했다. 우리는 희미한 가이드라인 빛을 따라 걸었다. 사각사각 우리의 풀 밟는 소리, 벌레 소리, 물소리가 뒤섞여 들렸다. 동물원은 어릴 때부터 수없이 와 봤지만 밤에 느끼는 동물원은 신선했다. 묘하게 마음이 편안해졌다.

다음 날, 우리는 치아파스 여행의 핵심인 팔렌케(Palenque)로 향했다. 치아파스주는 정글지대로 이루어져 있고 이 정글 속에 거대한 마야의 유적지가 숨어있다. 불과 250년 전 스페인 선교사가 발견하기 전까지 수많은 세월 동안 정글 속에 잠들어 있었던 세계 최대 규모의 마야 도시인 팔렌케.

이끼가 덮인 바위와 우거진 수풀 속에 옛 궁전의 잔해들이 보였다. 아직 5%밖에 발굴되지 않았다는 미지의 마야의 세계는 금속도구도, 바퀴도 없이 오직 사람의 손으로만 건설되었다고 한다.

잔해를 뒤로하고 좀 더 들어가면 넓은 광장에 비교적 보존이 잘 된 건축물이 나온다. '십자가의 신전'과 '태양의 신전', '잎의 십자가 신전' 등이 그것이다. 이 건축물들은 기복이 심한 지형을 충분히 활용해서 피라미드 토대 위에 건설되었다.

이 팔렌케 유적이 더 의미 있는 이유는 '비문의 신전'이라고 불리는 피라미드 지하 통로에 있는 왕의 묘비에서 600자가 넘는 마야 문자가 발견되었기 때문이다. 이 문자들을 통해 당시 역사를 추정할 수 있어 마야 문명에서 가장 중요한 기록으로 손꼽힌다고 한다.

우리는 광활한 팔렌케 왕국에서 종일 걷고 쉬고 얘기를 나누었다. 테오티우아칸과는 느낌이 다른 피라미드 사이를 거닐며 또 다른 감동을 느꼈다.

　서른이라 안 될 줄 알았어

여행의 막바지에 갈수록 우리는 더욱 가까워졌다. 아직 낯선 가족들과 함께, 소통도 원활하지 않은데 함께 여행하는 것이 조금 불편하기도 했지만, 시간이 지날수록 이 가족의 일원이 된 것처럼 편해졌다.

길게만 느껴졌던 여행이 어느새 끝이 났다. 막상 집에 돌아가려니 아쉬웠다.

다시 10시간 넘게 차를 달려 집으로 돌아가는데 가는 길은 훨씬 가뿐한 느낌이었다. 차를 달리다 밤이 되면 하늘의 쏟아지는 별을 보며 별자리를 맞추기도 하고, 여행지에서 찍었던 사진을 돌려보며 추억하기도 했다.

혼자였다면 절대 쉽지 않았을 여행, 사만다 가족 덕분에 안전하고 편하게 다녀올 수 있었다. 역시나 '갈까 말까 할 때는 가라'가 정답이라더니!

푸에블라에서 불효도 관광을

멕시코 시티에서 동남쪽으로 2시간 거리에 위치한 푸에블라.
한국인 S의 초대로 푸에블라에 갔다. 그는 내 아버지 연배로, 한
국 회사의 멕시코 지부에 파견 오신 중역이다. 내가 처음 멕시코
도착했을 때 묵었던 호스텔에서 우연히 만나서 인연을 맺었다.

그는 용기 있게 떠나온 나를 응원해주고 싶다며 그가 머무는
푸에블라 지역으로 나와 내 친구를 초대해주셨다. 내 한국 친구
D와 유능한 가이드 S와 함께 푸에블라(Puebla), 촐룰라
(Cholula), 테포츠틀란(Tepoztlán), 탁스코(Taxco), 쿠에그네
바카(Cuernavaca) 지역을 둘러봤다. 아빠뻘의 S가 손수 운전하
며 가이드해준 덕분에 편하게 여행했기에 우리는 우스갯소리로
이번 여행을 '불효도 관광'이라고 명명했다.

　푸에블라 주의 주도는 푸에블라다. 우리가 갔을 때는 마침 푸
에블라 까데드랄(대성당)에 조명쇼를 하고 있었다. 푸에블라의
역사를 주제로 내레이션과 이미지로 밋밋한 성당 외부를 다양한
빛으로 아름답게 표현해냈다.

　푸에블라는 비주얼의 도시다. 도자기로도 유명한 푸에블라에는
눈을 사로잡는 소품과 그릇들이 정말 많다. 꼭 다시 가서 사 오고
싶다.

　푸에블라에서 약 1시간 거리의 촐룰라. 이곳은 '치유의 성모 성당(Santuario de la Virgen de los Remedios)'이 필수 코스다. 이 성당은 스페인 정복자들이 고대 멕시코 원주민들의 기운을 누르고, 스페인의 국교인 가톨릭교의 우세함을 보여주기 위해 피라미드 위에 세운 것이다. 원주민들에게 환심을 사고자 내부는 금으로 화려하게 치장했다고 한다.

　멕시코 유적지들을 보면, 그들의 찬란하고 거대한 문명을 스페인 정복자들이 훼손하고 그들의 문화를 강요한 흔적을 볼 수 있다. 너무나 안타까운 일이다. 그래도 멕시코 사람들이 본인들의 고유문화와 융합하여 새로운 문화를 창조한 것을 보면 감탄이 절로 나온다.

　멕시코에는 자그마한 예쁜 마을들이 많다. 테포스틀란은 멕시코 현지 관광객들에게 유명한 작은 인디언 마을이다. 마을은 높은 절벽으로 둘러싸여 있고 산 정상에는 피라미드가 있다. 산은 왕복 2시간 코스로 높지는 않지만 꽤 가파르니 하이킹 복장을 준비해서 올라가는 것을 추천한다.

　작은 마을에 수공예품 거리와 시장이 늘어서 있는데 멕시코를 기념할만한 인디언 전통의 수공예품이 많으니 하나쯤 선물로 살만 하다. 나는 이곳에서 남미여행 내내 유용하게 쓴 모자를 하나 득템했다.

　　하얀 집, 하얀 차, 하얀 간판, 온통 하얀 은의 도시 탁스코. 초
록산 위에 하얀 눈송이들이 가득 핀 것 같은 아름다운 도시다. 탁
스코는 과거 은 광산이 있었고 은세공이 발달했다. 낮에도 예쁘
지만 야경이 특히 예쁜 곳이라 꼭 1박을 해보는 것을 추천한다.
도보여행으로 좋지만 돌길이라 발이 아프니 편한 신발은 필수.

　멕시코를 여행하면 할수록 멕시코의 매력이 무궁무진하다는
걸 깨닫는다. 도시마다, 마을마다 느낌이 전혀 다른 곳이 많다.
같은 나라인지 모를 정도로.

　우연히 좋은 인연을 만나 인생 선배로서 조언도 듣고 알찬 여
행을 할 수 있었다. 나는 참 인복이 많은 것 같다.

침묵의 행렬, 고요한 열정

이번 여행은 산 루이스 포토시의 침묵의 행렬(la Procesión del Silencio)을 보기 위한 것이었다. 테오티우아칸 투어에서 친해진 일본 친구인 에츠코(Etsuko)는 멕시코에서 일본어를 가르치는 선생님인데 수업 시간에 학생들이 이 축제에 대해 발표하는 것을 듣고 내게 함께 가자고 제안해주었다. 그래서 나의 어학당 친구인 중국 친구 호르헤, 한국친구 정민까지 넷이 여행을 떠나게 되었다.

우리가 여행 간 기간은 세마나산타(Semana Santa)라는, 멕시코를 비롯한 가톨릭 문화권의 큰 명절 중에 하나였다. 그 덕분에 숙소 구하기가 하늘의 별따기였다. 게다가 산 루이스 포토시의 침묵의 행렬은 멕시코 현지에서도 유명한 행사이기 때문에 숙소를 구하지 못하다가 우여곡절 끝에 겨우 숙소를 구할 수 있었다. 우리는 명절 맞이 반값 할인을 받은 버스를 타고 기분 좋게 5시간을 달려 산 루이스 포토시에 도착했다.

첫날은 산 루이스 포토시의 맛집을 다니고 탕가망가 공원이
나 과학 박물관, 마스크 박물관같은 관광지를 다니며 여행 온 기
분을 만끽 했다.

드디어 여행의 하이라이트인 침묵의 행렬을 하는 둘째 날. 침
묵의 행렬은 사순절의 성 금요일에 행하는 행사로 마리아상을 모
시고 도심의 주도로 행렬하면 그 뒤로 여러 부족과 단체들이 따
라 행렬하는 것이다.

우리는 축제가 시작되는 광장이 잘 보이는 피자집 2층 창가
자리에 운 좋게 잡았다. 우리는 식어가는 피자를 씹으며 조용히
식이 시작되길 기다렸다.

이윽고 해가 지고 성당 문이 열렸다. 침묵의 행렬은 이름처럼 성말 천천히, 그리고 아무 음악 없이 시작됐다. 2시간 넘도록 성당 문을 통해 천천히 총 28개의 부족이 저마다의 의상을 입고 행렬을 위해 걸어 나왔다. 흰색 가운을 입은 사람도 있고, 세모꼴의 튜닉을 쓴 부족, 촛불을 든 여성들 등 개성 있는 복장을 한 무리들이 줄지어 나왔고, 마리아상과 예수상같은 역사적 인물들의 커다란 조각상을 지고 건장한 남자들이 고행을 하듯 어깨에 매고 아주 천천히 박자에 맞춰 행렬을 함께 했다.

남녀노소 할 것 없이, 어린아이들까지 함께 행렬을 참여했다. 적어도 2시간 넘게 시내를 느릿느릿 걸어왔는데 그들의 힘든 기색 하나 없이 끝까지 해냈다. 심지어 어마어마한 무게의 성상을 든 장정들도 마지막까지 흐트러지지 않고 마무리하는 모습이 감탄스러웠다.

화려한 장식이나 음악은 없었지만 왠지 모를 감동이 느껴졌다. 신에게 영광을 돌리기 위해 고행도 마지않는 그들의 숭고한 의식에 감동했다.

침묵의 행렬 감상하기 ▶

죽음, 당신을 영원히 기억하는 것

같은 반 친구 셋과 함께 과나후아토(Guanajuato)로 여행을 떠났다. 여행 떠나는 아침, 자상한 중국친구 호르헤가 싸 온 김밥을 함께 먹으며 버스에 올랐다. 멕시코 시티에서 과나후아토까지는 버스 타고 5시간 정도의 거리지만 멕시코의 버스는 비행기처럼 자리마다 스크린이 있어 영화를 보면서 지루한 줄 모르고 이동했다. 학생 할인을 받아 우등버스를 저렴하게 예약해서 더 기분이 좋았다.

과나후아토는 세르반테스 축제와 멕시코의 대표 화가인 디에고 리베라의 고향으로 유명하다. 멕시코에서도 손꼽히는 아름다운 건축물들이 많아 관광지로 사랑받는 곳이다.

대표 관광지답게 가볼 만한 박물관과 장소가 많았지만 이번 여행에서 가장 인상이 깊었던 것은 미라 박물관(Museo de las Momias de Guanajuato)이다.

미라 박물관에는 노인부터 신생아까지 미라로 변한 시신을 날것 그대로 전시하고 있다. 미라들은 이 지역의 특별한 기후와 토양 때문에 자연적으로 형성되었다고 한다.

여기에는 세계에서 가장 작다는 아기 미라가 보관되어 있었다. 손을 가지런히 모으고 기저귀를 차고 스웨터를 입은 아기 미라. 과연 부모가 어떤 마음으로 아이를 묻었을까.

멕시코에서 죽음은 무섭거나 슬픈 것이 아닌 것 같다. 그들은 죽음이란 이승에서 할 일을 다 마치고 쉬는 것이라 생각한다. 멕시코를 배경으로 한 애니메이션 영화 〈코코 Coco〉에서도 다루고 있듯이, 사랑하는 사람들이 죽은 자를 잊지 않고 기억해준다면, 고인은 다른 세상에서 영원히 산다고 믿는다.

멕시코에는 죽은 자들을 기리는 날이 있다. 멕시코의 큰 명절 중의 하나인 죽은 자의 날(Día de los Muertos)이다. 이날은 저 세상에 있는 죽은 자들을 초대해 그가 생전에 좋아했던 음식이나 물건들을 전시해 놓는다.

이 날은 우울하고 슬픈 날이 아니라 축제처럼 유쾌한 날이다. 사람들은 제단에 해골 조형물과 뼈 모양의 사탕을 만들고 촛불과 꽃으로 아름답게 장식한다. 가족과 친구들은 생전 고인이 좋아했던 음악을 함께 부르고 춤을 추며 그 사람을 추억한다고 한다.

나도 멕시코 전역에서 화려하게 펼쳐지는 이 축제를 보기 위해 남미 여행 후 다시 멕시코로 돌아오려고 했지만 사정이 여의치 않아 아쉽게 경험하지 못했다. 다음에 멕시코에 방문한다면 죽은 자의 날을 꼭 즐기고 싶다.

멕시코의 맛

카카오의 고향인 멕시코
는 카카오를 가공해서 초
콜릿으로만 먹는 것이 아
니라 음식에 넣어 먹기도
한다.
그 대표적인 음식이 몰레
(mole)! 이상할 것 같지
만 오묘하게 맛있다.

타코는 옥수수가루로
만든 토르티야에 고기
나 야채, 소스 등을 싸
서 먹는 음식이다. 위
낙 종류가 많아서 헤아
릴 수 없다.

멕시코에서는 온갖 음식에 칠리 소스를 뿌려먹는다. 과자에도 뿌려먹고 과일에도 뿌려먹고 옥수수에도 뿌려먹고~
우리나라에서 야채를 초장에 찍어먹는 그런 느낌이겠지?

토르티야를 만두처럼 구워서 각종 소스를 뿌려먹는 엔칠라다 (enchilada). 멕시코는 토마토소스, 칠레소스, 몰레소스, 크림소스 등 소스 종류가 매우 다양해서 같은 음식도 다 맛이 다르다.

멕시코의 엽기 음식으로는 벌레튀김이 있다. 사이드로 시키면 각종 음식에 올려 먹기도 하고 술에 넣어 먹기도 한다.
생각보다 고소하다.

멕시코의 대표적인 술 테킬라는 아가베라는 선인장으로 만든다. 아가베의 함유량과 생산지역에 따라 가격이 천차만별!
주로 소금, 라임과 함께 먹는다.

남미 여행자들의 어학연수 성지, 과테말라

멕시코는 최장 6개월까지 여행 비자로 체류할 수 있고 다른 나라에 다녀오면 다시 6개월 갱신된다. 내가 다니던 우남대학교 어학당은 학생비자 없이 수학할 수 있다. 나는 입국 시에 6개월 여행 비자를 받았기에 남미여행 전까지 더 머물기 위해서 비자 연장을 위해 타국을 다녀와야 했다.

쿠바와 과테말라 중 어디를 할까 고민하다 과테말라로 결정! 쿠바는 남미여행을 마치고 한국에 들어가기 전에 가기로 했다.

과테말라는 마야 문명지이자 스페인어 개인 교습이 유명해서 중남미 여행의 시작점으로 꼽힌다. 개인 스페인어 교습이 일주일에 100불 정도로 저렴해서 여행 전 필수 생존 스페인어를 배우기에 딱 좋다.

나도 비자도 갱신할 겸, 과테말라의 단기 어학연수를 체험할
겸 과테말라의 안티구아라는 도시로 여행을 갔다. 멕시코시티에
서 과테말라시티까지는 비행기로 1시간 50분 거리. 시차는 과테
말라가 멕시코보다 1시간 느리다.

나는 8일간 과테말라 여행하면서 그중 4일 정도는 안티구아
어학연수를 체험해보고, 나머지는 세계 3대 호수인 아띠뜰란 호
수 주변을 여행할 예정이었다.

과테말라의 수도인 과테말라시티 공항에 내려 '안티구아'라
고 써있는 미니밴을 타고 안티구아로 출발했다.

안티구아에 진입하자 저 멀리 화산이 보이기 시작했다. 화산
에 둘러싸인 안티구아는 스페인 통치 시절, 모든 중남미 국가의
수도 역할을 했었는데 여러 번의 지진으로 인해 폐허가 되었고
이후 과테말라는 수도를 과테말라시티로 옮겼다고 한다.

안티구아에 도착해서 예약해놓은 호스텔에 짐을 풀고 4일간
공부할 학원을 알아보기 시작했다.

길에는 전통 옷을 입은 인디언들도 많고 공부하러 온 외국인
여행자들도 많았다. 과테말라는 멕시코와 비슷한 느낌이면서 달
랐다. 화려하지는 않지만 단아한 첫 느낌에 기분이 좋아졌다. 곳
곳에 관광 경찰이 많았는데 멕시코처럼 총을 들고 제복을 입은
경찰이 아닌 카라티를 입고 순찰을 하고 있었다. 호기심 어린 눈
으로 둘러보던 날 보며 경찰들이 친절한 미소를 지으며 눈인사
를 했다.

　외국인들이 주로 머무는 안티구아 지역은 아주 작아서 한 시
간 정도 돌면 다 볼 수 있다. 거리 곳곳에 정말 많은 학원이 있는
데 그중에 나는 아름다운 정원에서 수업을 받을 수 있는 〈안티구
아인의 학원〉이라는 곳으로 골랐다.
　이 학원은 안티구아 지역의 끝 쪽 한적한 곳에 있었고 야외
카페 같은 느낌의 캠퍼스를 가지고 있다. 개인 교습은 개인 집으
로 불러서 할 수 있지만 나는 학원에서 수업을 받기로 했다.
　내게 배정된 선생님은 중년의 인자한 여자 선생님이었다. 수
줍은 듯 말하는 게 참 귀여운, 소녀 같은 선생님이었다.

　수업을 받을 수 있는 날은 단 4일, 많은 걸 배울 수 없었지만 그동안 배운 내용을 정리하는 것만으로도 좋았다.

　과테말라와 멕시코는 같은 스페인어를 쓰지만 사용하는 단어가 다소 달랐다. 우리나라에도 방언이 있는 것처럼 바로 옆 나라인데도 스페인어가 조금 다르다니 놀라웠다.

　선생님과 친해질수록 우리는 수업보다는 정원에서 산책하며 이야기를 나누는 시간이 많았다. 선생님은 과테말라의 역사와 문화에 대한 이야기에 대해 주로 말씀해 주셨다. 옆 집 이모 같은 편안함에, 나는 공부를 하기 보다는 강연을 듣는 것 같았다.

안티구아에서는 학원을 통해 홈스테이를 신청해 묵었다. 안내받은 곳은 안티구아 귀퉁이에 있는 3층짜리 집이었고 맘씨 좋은 부부 내외와 자녀 둘이 있는 4인 가족이 살고 있었다. 첫 방문부터 살갑게 인사해주며 환영하는 가족들의 모습을 보니 하숙생활이 기대되었다.

"어? 너도 여기 사는 거야?"

공항에서 안티구아 오는 미니밴에서 만났던 이탈리아 친구 로사리오(Rosario)가 뜻밖에 이 집에 있었다. 이 친구는 세계여행을 하기 위해 호주에서 3년간 요리사로 일하다가 남미 여행을 하기 위해 과테말라에 왔다고 했다. 이 친구도 이 집에 살고 있을 줄이야!

덕분에 짧은 4일을 묵었지만 급속도로 친해진 우리는 수업시간 외에 함께 시간을 보내곤 했다. 이미 하숙집에는 우리보다도 몇 달 더 살고 있던 스위스에서 온 나탈리(Nthali)가 있었고 우리 셋은 낮에는 커피농장이나 유적지를 여행하고 저녁에는 안티구아의 살사바를 다니며 친해졌다.

살사바에서 만나는 전 세계에서 남미 여행을 위해 온 사람들과 만나며 삶의 영감을 얻었다. 각자의 방식으로 행복하게 사는 사람들. 그들과 대화하며 '하고 싶은 것을 하며 사는 것'에 대한 용기를 더 얻게 되었다.

　안티구아는 옛 유적 그대로를 유지한 덕분에 지금은 도시 전체가 유네스코 세계문화유산으로 지정되었다. 부서진 건물 잔해를 그대로 보존한 것에서 뜻밖의 아름다움이 느껴졌다.

　안티구아는 그런 매력이 있는 도시였다. 그저 그대로도 좋다고 말해주는 듯한, 그 어떤 상처도 어떻게 극복하느냐에 따라 충분히 아름답다는 걸 느끼게 해주는 곳이었다.

나는 짧고 굵게 연을 쌓았던 안티구아를 떠나 원래 계획대로 세계 3대 호수라고 하는 아티틀란을 보러 파나하첼로 떠나기로 했다.

안티구아에서 파나하첼까지 약 3시간. 여행사에서 운영하는 작은 승합차에 나 포함 6명의 여행자가 바짝 앉아 갔다. 파나하첼을 가는 길은 우리나라 미시령 고개처럼 구불구불했다. 장시간 오르락내리락 급경사와 급하강 구간이 반복되었다.

갑자기 식은땀이 흐르며 몸 상태가 안 좋아지기 시작했다.

'안돼. 난 참을 수 있어.'

불길한 기운이 스멀스멀 올라왔다. 마인드 컨트롤을 하자!

'참을 수...있어, 난 참…을…수…'

"푹!!"

참고 또 참았지만… 갑자기 막힌 수도꼭지가 뚫어지듯 멀미가 터져버렸다. 다행히 순간적으로 들고 있던 챙모자로 입을 막아 누구 하나 피해(?)를 보지 않았지만 나 때문에 버스 운행이 잠시 중단되었다. 잠시 쉬고 가기로 했다.

창피하고 몸도 힘들고 너무나 괴로웠다. 다행히 같이 차에 타고 있던 여러 여행자들은 싫은 기색 없이 나를 보살펴주었다. 내게 생수를 주거나 소지품을 챙길 수 있는 봉지를 나눠주었다. 그래도 쥐구멍에 숨고 싶은 마음은 사라지지 않았다. 내 생애 최악의 하이킥 사건이었다. '그래, 한번 보고 말 사람들이야.' 하며 스스로 위로했다. 산맥으로 이어진 남미는 이것보다 더 산길이 많다는데, 과연 내가 남미여행을 할 수 있을까?

파나하첼에 도착하니 비가 추적추적 내렸다. 오늘만큼은 푹 쉬고 싶어서 좋은 숙소를 잡았다. 마야식 사우나를 할 수 있다고 해서 기대했는데 당일에는 예약자가 많아 할 수 없었다. 아쉬웠지만 그래도 숙소가 마음에 들어 괜찮았다.

오늘 힘들게 온 만큼 나에게 선물을 주고 싶어 트립어드바이저 앱으로 파나하첼에서 제일 좋은 식당을 찾아 갔다. 과테말라의 대표 음식이라는 뻬삐안 데 뽀요(Pepian de pollo)를 주문했다. 당근스프 혹은 카레 같은 비주얼의 소스와 쌀밥이 담긴 덮밥이 힘없던 내 몸에 생기를 불어넣어 줬다. 음식이 보약이라더니, 칼칼하고 짭짜름한 그 맛이 하루의 피로를 모두 씻어주는 것 같았다.

다음 날, 파나하첼에서 유명한 커피전문점인 카페 로꼬(Cafe loco)를 방문했다. 한국 청년들이 진정한 커피를 만들기 위해 중남미로 커피여행을 왔다가 차렸다는 이 카페는 한국인뿐만 아니라 현지인과 외국 관광객에게도 유명하다. 한번 오면 단골이 될 정도로 각 사람마다 취향을 파악해서 커피를 만들어준다고 한다.

나도 사장님의 추천에 따라 아포가토를 마셨는데 달지도 않고 고소하고 딱 내 취향이었다. 내가 머무는 동안 카페에는 손님이 끊이질 않았고 한국인 바리스타들은 모든 손님들에게 참 살갑게 잘했다. 진심으로 응원하고 잘됐으면 좋겠다고 나도 모르게 덕담을 하고 나왔다. 내가 응원을 했는데 오히려 응원받은 느낌이었다.

　　파나하첼에서 아티틀란 호수를 보기 위해 란차(작은 배)를
탔다. 아티틀란은 체 게바라가 세상에서 가장 아름다운 호수라
며, 혁명의 꿈을 접고 안착하고 싶었다는 이야기가 전해지는 곳
이다. 백두산 천지의 14배가 될 정도로 크고 바람이 불면 파도
가 치는 것처럼 일렁이기에 호수가 아닌 바다처럼 보이기도 한
다. 여행 기간 내내 우기의 흐린 날이 계속되어 회색빛의 오묘한
호수를 볼 수 있었다.

호수 근방에는 여러 마을이 있는데 나는 그중에 파나하첼, 산 마르코, 산 페드로, 산 후안 이렇게 총 4개의 마을을 둘러봤다.

마을마다 개성이 뚜렷했다. 파나하첼은 가장 상업화되고 크지만 그만큼 바가지 물가가 심했다. 산마르코, 산 페드로, 산 후안은 아기자기하게 볼 것이 많은 마을이었고 각자의 전통 옷을 입고 살아가는 원주민이 많았다.

이 중에 나는 산마르코가 제일 좋았다. 모든 집과 과테말라의 쨍한 색감과 문양을 그대로 옮겨놓은 독특한 벽화들로 꾸며져 있어 눈이 즐거웠다.

아티틀란 마을 여행을 마치고 중남미에서 가장 큰 재래시장이 열리는 치치카스테낭고(Chichicastenango)에 갔다. 이곳은 마야 최대 부족이자 과테말라에서 두 번째로 큰 종족인 키체족이 사는 도시다. 이곳의 재래시장에서는 매주 일요일과 목요일에 열리는 시장에서는 일상용품에서 공예품까지 여러 물건이 거래된다.

여행사 셔틀버스를 타고 치치카스떼낭고로 갔다. 재래시장은 초입부터 활기찼다. 우리나라 남대문 시장처럼 온갖 물품들이 거래되는 시장이었다. 서민들이 많이 모이는 곳이어서 혹시나 소매치기가 있지는 않을까 노심초사하며 겁먹은 얼굴로 돌아다녔지만 상인들의 친절한 미소에 마음이 풀어졌다.

재래시장에서 가장 눈에 띄는 것은 수공예품들이었다. 과테말라 특유의 알록달록한 무늬로 짠 옷들과 가방들. 탐나는 것이 정말 많았지만 그 중에 나는 하숙집 아주머니께 선물할 식탁보하나와 여행 하는 동안 쓸 작은 옆 가방과 지갑을 샀다.

먼 땅 멕시코에 날아와, 지금은 또 과테말라의 땅을 밟고 있다는 사실이 새삼 신기했다. 이제 어디든 혼자, 용감하게 잘 다닐 수 있을 것 같다.

이렇게 짧지만 알찼던 과테말라에서의 여행을 마치고 다시 멕시코에 돌아갔다. 과테말라의 커피향과 컬러풀한 풍경들 잊지 못할 거야.

멕시코 어학연수 얼마나 들까

멕시코에 머문 기간은 2016년 12월 중순-8월 중순까지 약 9개월이다. 이 기간 중에 우남대학교의 어학당인 CEPE에서는 총 2코스(약 4개월) 정도 학습했고 나머지는 개인 튜터를 통해 조금 더 저렴하게 공부했다.

이렇게 총 9개월간 총 연수비는 1,300만 원(월평균 140만 원) 정도로, 한국에서 예상한 것보다 조금 더 들었다. 순수하게 멕시코에서 살아가며 쓴 돈은 약 1천만 원 정도로 예상한 예산과 비슷했지만 예상치 못하게 휴대폰과 카메라가 고장 나서 고친 비용과 틈날 때마다 다닌 멕시코 여행비, 그리고 멕시코에 체류하는 동안 과테말라와 미국 여행비까지 더해져 실제로는 더 많은 돈이 들었다.

멕시코는 전체적으로 한국보다는 저렴한 편이다. 대체로 한국보다 물건이나 서비스 이용료가 한국보다 체감상 20% 정도 저렴하다. 월세는 월 20~30만 원 선, 길거리 음식은 2천 원 정도면 배불리 먹을 수 있고 중저가의 일반 식당은 3천 원~6천 원 정도, 패밀리 레스토랑급은 인 당 1만 5천 원 정도면 즐길 수 있다. 나 같은 경우 식비는 한 달 20만 원 정도가 들었다. 보통 멕시코 국내 여행비는 2박 3일 기준, 18만 원~ 22만 원 정도가 들었다.

주로 학교 주변에서 생활하며 공부에 집중할 사람은 월 100만 원 정도로도 생활할 수 있을 거라 예상한다.

내가 있었던 2016년보다 현재 물가가 조금 더 상승했고 어학당 학비 또한 올랐으니, 좀 더 넉넉하게 예산을 책정하는 것이 안전할 것이다.

〈우남대학교 CEPE 수강료〉

2016년 당시 신규 등록자는 6주인 1코스에 8900달러(재등록자는 7550달러)로 한화 약 50만 원 정도였으나 2020년 현재에는 12,000달러(재등록자 10,450 달러)로 한화 약 60만 원 정도다.

– 우남대학교 CEPE 홈페이지 : www.cepe.unam.mx

4부

이해가 공감이 되는 순간

세마나 산타

산 루이스 포토시에서 침묵의 행렬을 본 그 부활절(세마나 산타) 주간에 아단 가족의 초대를 받았다. 멕시코의 가장 큰 명절 중 하나인 이 기간에 각 가정에서는 소소하게 부활절 이벤트를 하기도 하고 각 지방에서는 저마다의 축제가 열린다.

나는 아드리안, 에츠코와 함께 아단의 집에서 부활절 달걀을 만들었다. 아단의 어린 친척들을 위한 이벤트용 달걀이었다. 먼저 흰 달걀의 속을 따라내고 말린 후에 달걀 위를 물감으로 예쁘게 그림을 그려 꾸몄다. 그 후에 물감이 마르면 아이들이 좋아하는 사탕과 초콜릿 같은 간식을 듬뿍 넣어 한지로 밀봉했다. 집 곳곳에 숨겨놓을 달걀을 찾으며 아이들이 즐거워할 모습을 상상하니 뿌듯했다.

이 세마나 산타 기간 동안 멕시코에서는 예수 그리스도를 배신한 유다의 인형을 불태우는 〈유다 화형식〉이라는 것을 한다. 도시 곳곳의 광장에서 수많은 사람이 모여 유다나 악마 인형 또는 정치인 모형을 걸어놓고 불을 붙여 화형시키는 의식을 한다.

나는 멕시코시티의 중앙 광장 소깔로나 기타 공식적으로 하는 행사가 아닌, 전통을 지키며 살아가는 아단네 가족이 준비한 유다 화형식을 볼 수 있었다.

아단네 가족은 명절마다 각 명절에 맞는 전통을 하는 가족으로 동네에서도 유명했다. 이번 행사 또한 아단네 가족이 마을 사람들을 위해서 직접 준비했다.

밤 10시쯤, 시작을 알리는 불꽃놀이가 시작되었다. 매년 이날 진행하기 때문에 동네 사람들이 모두 나오기 시작했다.

유다 혹은 악마를 상징하는 익살스러운 종이 인형이 마을 한가운데 걸려있었다. 인형에 불을 붙이자 굉음과 함께 엄청난 불꽃이 튀며 타들어 갔다. 나는 무서워서 뒤에 숨었다. 가족들은 이런 나를 보고 깔깔거리며 웃었다.

인형이 다 타들어 가면서 인형 안에 있던 작은 공들이 수두룩하게 나왔다. 추첨 이벤트를 할 번호가 쓰여있는 공이었다. 동네 사람들이 하나라도 더 줍기 위해 냅다 뛰기 시작했다. 나는 무서워서 가까이도 가지 못했다.

동네 사람들이 공을 다 나눠 가지고, 이어서 또 다른 인형이 태워지고. 이런 식으로 총 세 개의 인형이 장렬히 전사했다. 유다 화형식이 모두 끝나고 공을 주운 사람들이 아단네 집 앞에 주르륵 줄을 섰다.

아단네 가족들이 각 번호에 맞는 선물을 사람들에게 나눠줬다. 선물은 주로 과자, 사탕, 바구니, 아기용 장난감 같은 것들이었다. 누가 시킨 것도 아닌데 이렇게 전통을 이어나가고, 본인들의 예산으로 동네 사람들에게 이런 축제를 열어주는 아단네 가족이 참 대단한 것 같다. 한국, 특히 서울에서는 오래 살아도 옆집에 누가 사는지 모르는 경우가 많은데 아직 멕시코에서는 도시에서도 마을 사람들과 돈독한 친분을 유지하며 이런 이벤트를 함께 하는 것이 부러웠다.

멕시코식 베이비샤워

이번에는 아단네 친척의 베이비샤워에 초대받았다. 나보다 더 오래 멕시코에 머무를 에츠코에게 아단 가족을 소개해줄 겸 간단히 케익과 초콜릿을 선물로 사가지고 같이 갔다.

베이비 샤워라고 해서 간단히 선물을 주고받는 것인 줄 알았는데 기대 이상의 이벤트가 진행되었다. 피에스타(파티)를 사랑하는 멕시코답게 베이비샤워도 참 재밌게 하는구나 싶었다.

아단 할머니가 직접 만드신 장식품을 모든 방문객에게 나누어주었다. 실로 만든 미니 스웨터와 아기 기저귀, 물병 등 다양한 모양의 장식품이었다. 나는 귀여운 스웨터 모양의 장식품을 뽑았다.

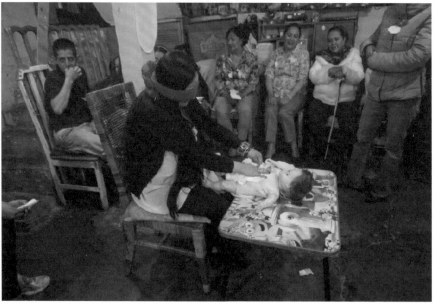

베이비샤워는 선물 증정식으로 시작되었다. 선물 증정식부터 평범하지 않았다. 예비엄마는 선물을 풀어보면서 누구의 선물인지 알아 맞춰야 했다. 못 맞출 경우에는 선물 준 사람이 예비 엄마 얼굴에 낙서하고, 맞춘 경우에는 예비 엄마가 선물을 준 사람 얼굴에 낙서해야 했다. 예비 엄마, 아빠의 얼굴은 낙서로 도배되었다.

베이비샤워의 또 다른 규칙이 있었다. 일명 '다리꼬지마!' 벌칙. 다리를 꼬다가 걸리면 수건으로 기저귀 찬 모양을 하고 있어야 한다. 다들 자기도 모르게 다리를 꼬아서 우스꽝스러운 모습이 되었다. 나도 한 번 걸렸지만 다리 꼰 다른 사람을 찾아내서 재빠르게 기저귀를 그분께 물려주었다.

두 번째 순서는 '눈 감고 아기 돌보기'이다. 예비 엄마가 눈을 가린 상태에서 아기에게 밥을 줘야 하고 기저귀도 갈아입혀야 한다. 밥 먹는 아기 역할로 아단 당첨되었다. 예비엄마가 아기에게 잼을 다 먹여야 하는데 눈을 가렸으니 제대로 줄 수가 없다. 금세 아단의 얼굴이 잼으로 범벅되었고 우리는 너무 웃겨서 배꼽을 잡고 웃었다. 그 다음 미션은 기저귀 갈아입히기였는데 이 미션은 예비 엄마가 많이 연습했는지 비교적 쉽게 완수했다.

세 번째 이벤트는 '예비엄마 배 둘레 맞추기'다. 두루마리 휴지로 배 둘레를 가늠해서 가지고 있다가 순서대로 맞춰보고 남는 휴지 칸의 수 만큼 얼굴에 낙서를 당하는 게임이다. 나는 둘레 1개가 남아서 얼굴에 왕점이 생겼다. 에츠코도 나처럼 나란히 점 1개!

네 번째 이벤트는 '아기 이름 지어주기'였다. 에츠코는 일본 이름을, 나는 한국 이름을 지어줬다. 나는 재미로 우리 엄마 성함을 적었다. 이 이름 목록을 참고하여 아기 이름을 짓는다고 한다.

마지막 이벤트는 동물 이름을 제비뽑기해서 동물의 소리를 흉내 내고 같은 동물을 뽑은 짝꿍을 찾아내는 것이다. 나는 사자가 당첨되었는데 어떤 울음소리로 해야 할지 난감했다. 으르렁? 크으흐? 온갖 이상한 음성을 내고 나서야 우여곡절 끝에 짝꿍을 찾았다.

남녀노소 할 것 없이 이렇게 순수하게 게임을 하면서 노는 걸 보니 신기했다. 아단네 가족 덕분에 멕시코 사람들 삶의 깊은 한쪽을 엿볼 수 있어서 감사했다.

멕시코 가족, 마리솔과 다니엘

하숙집의 계약 기간도 끝나가고, 옆 방 일본 아이와의 갈등도 있어 좀 더 저렴한 집으로 이사하고 싶었다. 그 와중에 동생 같은 친구 다니엘이 제안했다.

"우리 엄마 혼자 사시는데 여기서 같이 살래? 엄마도 좋대. 여행을 위해 돈도 아끼고, 바로 옆에 엄마 같은 사람이 함께 있으면 안전하잖아!"

이미 같이 살자는 제안은 여러 번 받았다. 날 가족같이 대해주던 아비네와 아단네에서도 같이 살자고 했고 나는 마음만 감사히 받았다. 한국에서도 누군가와 같이 산다는 것이 쉽지 않은 일인데 문화가 다른 멕시코 사람과 같이 산다는 건 너무 불편할 것 같았다. 그래서 당연히 다니엘의 제안을 거절했다.

하지만 다니엘 엄마 마리솔(Marisol)의 초대로 그녀를 직접 본 후에 생각이 조금 달라졌다. 마리솔 아주머니는 나를 품에 꼭 안아주시며 반겨주셨다. 노래를 부르는 것처럼 아름다운 목소리로 얼굴 가득 다양한 표정과 제스처로 말씀하시는 게 참 유쾌했다.

"어차피 나는 매일 일을 나가고, 퇴근 후에는 대부분의 시간을 내 방에서 TV를 보거나 내 취미 생활을 해. 밥도 거의 먹고 들어오니까 각자 따로 사는 것처럼 편하게 지내자. 어차피 빈방이 있으니 멕시코에서 머무는 나머지 시간 동안 묵으렴."

새집을 구하기에는 멕시코에서 예정된 기간도 그리 많지 않았기 때문에 나는 많은 고민 끝에 그녀와 살기로 했다.

그녀의 집은 멕시코 시티의 북서쪽에 있었고, 기존에 살던 지역보다 정비가 조금 더 잘 된, 역에서 꽤 가까운 아파트였다. 이중으로 보안이 되어 있어서 꽤 안전해 보였다.

마리솔 아주머니는 충분히 자상했고 적당히 무관심했다. 그게 너무나 좋았다. 그녀는 아침 일찍 출근해서 저녁 늦게 들어오는 경우가 많았기에 평일에는 얼굴을 잘 못 보기도 했다. 나는 내가 자고 싶을 때까지 자고, 사 먹고 싶은 것이 있으면 식료품을 사다 놓고 음식을 해 먹었다.

주말이 되면 각자 약속이 있으면 따로 시간을 보내기도 하고 가끔은 함께 밥을 먹거나 영화를 보러 가기도 했다. 따로 또 같이 사는 기분이었다. 이 적당한 자유가 좋았다.

어느 날 저녁, 갑자기 정전이 되었다. 나 혼자 있을 때라 어찌할 바를 모르고 한국에서부터 엄마가 챙겨주셨던 보조배터리 겸 LED 라이트를 켜고 무서워서 거실에 앉아 있었다. 그 사이에 아주머니가 퇴근하고 들어오셨다.

아주머니는 익숙한 손놀림으로 초를 켰다. 나름 분위기 있었다. 마리솔은 그날 오후에 지진이 있었다고 했다. 아마 그 여파로 정전도 된 것이라고 했다.

멕시코에서는 지진과 정전이 꽤 잦다. 그날의 지진은 아주 작은 지진이긴 했지만, 사이렌이 울려서 밥을 먹다가 밖으로 나가셨다고 했다. 나는 둔해서 그랬는지 전혀 눈치채지 못했다.

그래도 한 번도 겪어보지 않았던 지진이라는 걸 체감하니 갑자기 무서웠지만 아주머니는 멕시코에 지진이 꽤 잦긴 해도 두려워할 정도로 크게 오는 건 아니라고 걱정하지 말라고 하셨다.

정전된 동안 은은한 촛불에 의지하며 아주머니와 도란도란 얘기했다. 아주머니께서 멕시코의 역사를 간단히 설명해주셨다. 멕시코는 메스티소, 에스파뇰, 인디언들 등 워낙 다양한 사람들이 모여 살기 때문에 화합이 어렵다고 한다. 그래서 자원이 정말 많음에도 불구하고 기술이나 제조업 등 모든 면에서 뒤처지는 것 같다고, 안타깝다고 하셨다.

나도 짧게 멕시코에 있어 봤지만, 멕시코는 정말 모든 걸 가졌는데 (지리적 이점, 천혜의 자연환경, 자원 등) 그에 반해 발전 속도가 느리다는 생각이 든다.

마리솔에게 역사 이야기를 듣고, 나는 그녀의 말을 공감한다는 듯이 스페인의 멕시코 침략의 부당함에 대하여 신나게 이야기했다. 또한 우리나라와 일본의 관계에 대해 설명하면서, 일본의 과거를 대하는 태도에 대해 비판했다. 멕시코도 우리처럼 스페인의 침략을 받아 찬란한 문화가 훼손되었기 때문에 그녀도 똑같이 공감할 거라 생각했다. 하지만 그건 내 착각이었다.

"이제 스페인문화도 우리의 한 부분이야. 이제 따로 떼어 볼 수가 없어. 그들은 우리의 일부이고, 이것은 부인할 수 없지.

그들이 우리의 문명을 짓밟긴 했지만, 그 대신 그들의 문화를 전파했고, 그들과 결혼을 한 사람들 사이에 아이가 생겼고, 이제 혼혈, 원주민, 유럽계 사람들 모두가 멕시코 사람이야. 그렇게 오랜 기간 섞이고 함께해서 지금의 이 나라가 되었단다. 우리는 그들의 문화와 우리 고유의 문화를 결합해서 새로운, 독특한 문화를 만들어냈지."

그들을 지배했던 스페인을 무조건 부정하기보다, 이미 삶의 일부로 받아들이는 그녀의 시각이 매우 신선했다. 멕시코는 우리나라보다 훨씬 긴, 약 300년 동안의 기간 동안 스페인의 영향력 아래에 있었다. 하지만 멕시코는 그 특유의 긍정성으로 그들만의 독특한 문화를 만들어내며 멕시코 본연의 색을 잃지 않도록 노력했다.

마리솔과의 대화를 통해 내 경험과 시각이 무조건 답이 아니라는 걸 깨달았다. 내 기준에서 섣불리 판단하지 말아야겠다.

날 딸처럼 여겨주었던 마리솔과 아쿠아리움에서

서른이라 안 될 줄 알았어

마리솔에게는 특별한 취미가 있었다. 마리솔은 CD에 물감과 매니큐어, 비즈들로 아름답게 꾸미는 만다라 아트를 즐겨한다. 마리솔은 멕시코의 유명한 통신사에서 일하는데 업무 스브레스를 해소하기 위해 시작했다고 했다.

쓰임을 잃은 힘없는 CD는 마리솔의 손에서 예술 작품으로 다시 태어났다. 파랑, 노랑, 빨강 다채로운 색으로 연꽃이 피고 비즈로 수놓은 별이 쏟아졌다. 마리솔은 흔하디흔한 CD 위를 보석을 박은 것처럼 화려하게 꾸몄다.

그녀의 제안으로, 나와 다니엘도 조금씩 해보기 시작했다. 생각만큼 쉽지 않았지만 한번 시작하면 무섭도록 몰입이 되었다.

이즈음 나는 혼자 공부를 하고 있었다. 중간에 비자 갱신을 위해 과테말라를 다녀오기도 해야 했고 어학당 진도가 느려 조금 답답하기도 했으며 남미 여행을 위해서 학비를 아끼고 싶기도 했다.

이때 다니엘은 나의 스페인어 선생님을 자청했다. 다니엘은 엔지니어링을 공부한 친구인데 일본으로 유학을 가기 위해 준비하고 있었다. 유학 기간 동안 일본에서 스페인어를 가르치기 위해 스페인어 교사 자격증을 준비하고 있었고, 내게 시범으로 가르치는 연습을 하고 싶다고 했다. 그의 조건은 단 하나, 자신의 가르치는 방식을 존중해줄 것. 나도 어차피 혼자 공부하려고 했기에 그의 의견을 따라 보기로 했다.

그런데 다니엘은 가르치지 않고 자꾸 놀게 했다. 나는 아직 다 배우지 않았던 문법을 마치고 싶었는데 이 친구는 스페인어로 된 애니메이션을 계속 보게 하고, 도서관에서 책을 읽게 하고 일기를 쓰게 했다. 재미는 있었는데 나는 왠지 마음이 급해졌다. 물론 이렇게 스페인어를 습득하면 도움이 되는 건 나도 알았지만 멕시코에서의 시간이 한정되었기에 제대로 공부를 못하고 여행을 가야 할까 봐 걱정되었다. 그래서 다니엘에게 짜증을 많이 냈다.

"다니엘, 나 시간이 없다니까? 너랑 놀 시간 없어. 애니메이션은 한국에서 보면 돼. 우선 여기서 이 책은 다 공부하고 가야 해."

다니엘은 지치지 않고 자신의 의견을 고수했다.

"그냥 나 믿어봐 해리온사마. 걱정 마!(다니엘은 일본어로 '사마'를 붙여서 날 부르곤 했다.)"

저 고집을 못 꺾지. 나도 '에라 모르겠다' 하며 애니메이션을 보거나 그림책을 읽기도 하고 가끔 다니엘과 함께 스페인어 교사 자격증을 공부하는 선생님들의 모의 수업에도 참여하기도 했다.

'그래, 어차피 공부는 한국 가서 하면 되지 뭐. 이왕 이렇게 된 거 여기 있는 거 많이 즐기고 가야지.' 생각하며 어학당에 있을 때보다 더 자주 친구들과 놀고 여행도 다녔다. (하지만 물론 가끔, 아니 자주 죄책감을 느끼기도 했다….)

결과적으로는 완벽한 말이 아니더라도 친구들과 자연스럽게 어울리며 눈치코치가 늘어갔고 모르는 단어만 찾아보면 무리 없이 이야기할 수 있었다.

그렇게 나는 마리솔의 집에서 남미에 가기 전까지 신나게 멕시코 생활 자체를 즐겼다. 마리솔은 공부하는 내게 격려해준다며 편지도 써주고 다니엘은 언제나처럼 하나라도 더 가르쳐주려고 전반적인 생활에서 도움을 주었다.

나의 멕시코 가족 마리솔과 다니엘. 진심으로 감사합니다.

De mamá:

Quiero felicitarte por el esfuerzo que estás haciendo al estudiar español. Sé que el presentar un examen de certificación de un idioma no es algo sencillo, pero sé (porque lo intuyo) que tú tienes la capacidad para superar cualquier obstáculo que te propongas.

Quiero aprovechar para comentarte que admiro tu determinación de haber salido de Corea y emprender un viaje a otro continente a aprender otro idioma, en ello veo además una mujer muy inteligente y muy valiente, que pertenece a un pequeño grupo de personas emprendedoras en este Siglo XXI (Ciudadana del Mundo). Esto debe de darte una perspectiva diferente de la vida, de lo que puedes y de lo que quieres obtener en esta vida.

Me da mucho gusto haberte conocido y haber convivido contigo estos meses que estuviste en mi casa, y además espero que te hayas sentido como en tu casa. Siempre que desees visitar México, me dará mucho gusto verte. En mí cuentas con una amiga que te estima y te admira. ¡Te deseo mucho éxito en tu examen!

마리솔이 써준 편지와 다니엘이 스페인어를 가르쳐주는 모습

나이 말고 너

멕시코에서는 누구나 친구가 된다. 나이와 성별을 가리지 않고 잘 어울린다. 우리의 경우 또래 위주로 많이 어울린다면 여기서는 다양하게 사귀기 때문에 대화의 소재가 풍부하고 깊은 대화가 오간다. 멕시코 친구들과 모임에 가면 그들의 어린 사촌이나 동생, 그들의 삼촌, 이모와 함께 노는 경우가 많았다.

내가 멕시코에 있을 때, 내게 나이를 물어본 사람은 거의 없었다. 나는 그저 한국에서 멕시코에 공부하러 온 학생이었다. 내가 스무 살이든, 서른 살이든, 마흔이든 상관없이 그저 '나'이면 되었다.

멕시코는 몇 살에 무엇을 해야 한다는 사회적인 협의가 강하지 않은 것 같다. 대학을 졸업하면 당연히 취업을 하는 것이 아니라 잠시 취업을 유예하고 자신만의 시간을 보내는 사람도 있고, 대학을 가지 않고 바로 좋아하는 일을 찾아 떠나는 사람도 있다. 남들과 다른 길을 간다고 해서 불안해하는 사람이 없다.

처음에는 일부 멕시코 사람들이 철이 없다 느끼기도 했다. 뚜렷한 목표를 갖고 사는 것 같지도 않고, 취직할 생각은 딱히 하지 않고 그렇다고 공부를 하는 것도 아닌 사람도 있었고(멕시코에서는 이런 사람을 니니 NINI라고 부른다.) 미래를 위해 현재를 포기하는 사람은 많지 않았다.

하지만 깨달았다. 왜 난 수순대로 살아야 한다고 생각했을까? 모두가 꼭 거창한 꿈을 갖고 살아야 할까? 나도 모르게 나에게 익숙한 프레임 속에서 그들을 바라봤던 것 같다.

사람은 각자의 시간 속에서 산다. 물론 나이를 먹을수록 성숙해지고 자신의 행동에 책임져야 하는 것은 맞지만, 꼭 사회에서 정하는, 혹은 맞다고 여기는 타이밍에 맞춰 살아야 할까? 누군가의 스무 살은 누군가에게는 서른일 수도 있고 마흔일 수도 있다. 저마다의 삶을 존중해줘야겠다.

멕시코는 모든 걸 용서해

멕시코 지하철에서 자주 보던 댄싱쇼 아저씨가 있다. 그는 지하철 안에서 브레이크 댄스를 춘다. 지하철 손잡이와 지지대를 이용해서 참 기묘하게 춤을 춘다. 그저 춤이 좋다는 듯이 즐거운 표정으로 춤을 춘다. 멕시코 사람들은 박수도 쳐주고 재미있다고 웃어준다. 그는 딱히 돈을 요구하지도 않지만, 누군가 돈을 건네면 받기도 한다. 받은 돈 일부를 구걸하는 다른 사람에게 기부하기도 한다. 참 신선하다.

멕시코에는 지하철과 버스에 상인들이 정말 많다. 우리나라도 몇 년 전까지 지하철 안에서 불법으로 물건을 파는 사람들이 있었는데 그 수준과는 차원이 다르다.

지하철 한 칸에 3, 4명의 다양한 사람들이 돌아다니며 껌, 학용품, 책 등을 판다. 때로는 온 가족이 팀을 이뤄 구걸하거나 물건을 팔기도 한다. 이로 인해 시끄럽지만, 멕시코 사람들은 다 받아준다.

멕시코는 관용의 사회라는 생각이 든다. 누군가 자신에게 직접적인 큰 피해만 주지 않는다면 모든 걸 다 용서하고 존중해준다. 버스에 상인이 올라타려 하면 버스 운전자는 저지하지 않고 오히려 상인이 들어올 수 있게 버스 속도를 늦춰준다. 다 같이 잘 살 수 있도록 서로가 도와주는 것 같다. 성적 소수자가 길거리에서 자유롭게 애정표현을 해도 누구 하나 신경 쓰지 않는다. 난해한 옷을 입어도, 머리가 예쁘지 않아도 외모를 지적하는 사람이 하나도 없다.

때로는 이 관용이 내게 불편함을 주기도 했다. 야심한 밤에 총소리에 놀라 깨 보니 옆집에서 생일 기념 폭죽을 터뜨리고 있었다. 현지 친구에게 물어보니 '파티를 하는 거야'라고 대수롭지 않게 말할 정도로 이런 일은 흔하다. 멕시코에서는 층간소음으로 인한 갈등은 벌어지지 않을 것만 같다.

어찌 되었건 나는 그래도 멕시코의 이 당당함이 좋다. 선을 가르지 않는 포용력이 좋다. 개성을 존중하는 다양성이 좋다.

Paso a Paso 조금씩 천천히

멕시코에 있는 동안 스페인어를 공부한다면 한 번씩 도전하는 공인 어학 시험 델레(DELE) 시험을 보기로 했다.

델레 시험은 스페인 세르반테스 문화원에서 발급하는 스페인어 공인 자격증으로, 세계적으로 인정받는 시험이다.

A1부터 C2단계까지 총 6개의 단계가 있고 C2가 가장 높은 레벨이다. C가 고급, B가 중급, A가 초급자 수준이라 볼 수 있다. 그중 스페인어를 직업적으로 활용하려면 B1 레벨 이상을 취득해야 하는데 B1은 스페인어로 일상적인 소통을 무리 없이 하는 수준으로 보며 B2는 스페인어과 전공자들이 졸업 시험으로 대체하는 수준으로, 스페인어 관광통역사 자격시험의 기준이기도 하다.

나는 멕시코에 온 지 6개월 차였고, 델레 시험을 한 달 앞두고 있었다. 레벨은 점수에 따라 정해지는 것이 아닌, 각 레벨 별로 시험을 신청한 후 합격 여부를 가리는 것이기에 어떤 레벨로 해야 할지 고민되었다.

내 궁극적인 목표는 B2였기에 욕심 같아서는 B2를 보고 싶었지만 아직 B2를 보기에는 실력이 부족한 것 같았다. 하지만 시험비도 20만 원이 훌쩍 넘어 여러 번 보기에도 어렵고, 떨어지더라도 원래 목표 점수에 도전하는 것이 맞지 않을까 고민이 되었다.

나의 등대 역할을 해주는 사무엘 선생님께 상담을 했다.

"운전을 배운다고 생각하세요. 운전은 면허만 딴다고 되는 게 아니라 실제로 운전할 줄 알아야 하지요? 턱걸이로 따서 장롱면허인 사람이 많듯이 시험만 통과하는 것이 목적인가요?

B2는 전문용어가 반을 차지할 정도로 전공자여도 어려운 수준이에요. 스페인어를 배운지 얼마 안 된 지금 시점에서 B1을 취득하는 것도 굉장히 의미 있는 일이니 너무 급하게 생각하지 마세요.

높은 레벨에 집착하지 말고 계단 오르듯 차근차근 실력을 쌓는다고 생각하세요. 지금은 높은 곳을 향해서 가는 과정 중에 있는 것이니 너무 일찍 서둘러 의기소침해하지는 마시고요.

¡Paso a paso 빠소 아 빠소! 한발 한발 성실히 내딛다 보면 어느새 멀리 와 있는 날 보고 놀랄 날이 반드시 올 것이니 용기를 내세요."

언제나 명쾌한 설명과 조언으로 용기를 주시는 나의 사무엘 선생님. ¡Paso a paso 빠소 아 빠소! 조금씩 천천히 한 발짝씩 하자!

선생님 조언에 따라 B1 시험을 등록하고 본격적으로 공부하기 시작했다. 책을 구해서 첫 모의고사를 봤다. 모의고사의 결과는 참담했다. 모르는 단어가 너무 많았다. 대충 때려 맞출 수 있는 정도의 수준이 아니라 중요한 문장들이 이해되지 않으니 문제를 풀 수가 없었다. 좌절했다. 한 달밖에 남지 않았는데 어쩌지? 마음이 급했다.

중국 친구 호르헤가 델레 기출문제들을 공유해줬고 다니엘이 작문과 말하기 시험을 도와줬다. 실력이 느는 것 같지 않아 하루하루가 좌절이었다. 그 동안 너무 놀기만 한 것 같아 후회되었다.

드디어 델레 시험을 보는 날. 첫 시간은 독해 시험이었다. 지문들이 모의고사들 보다 길고 단어가 어렵게 느껴졌다. 헷갈리는 문제도 많아 함정에 푹푹 빠지는 것 같아 혼란스러웠다. 시험이 끝나자 여기 저기서 어렵다는 얘기가 들렸다.

듣기 시간에는 집중이 중간 중간 흐려져 답을 고르는데 확신이 없었다. 나 제대로 답 맞추는 거 맞나?

그 다음은 작문 시험. 여러 주제 중에 내가 사는 도시의 관광지를 소개하는 것을 골랐고 자신 있게 써 내려가기 시작했다. 하지만 쓰다 보니 내용이 산으로 가서 나중에 고치느라 급급했다.

마지막으로 회화 시험. 편한 분위기 속에서 시작되었고 점점 시험 주제에 맞춰 이런 저런 대화를 하다 보니 시험이 끝났다고 했다. 너무 긴장한 탓인지 평소보다 말을 잘 못 한 것 같아 걱정되었다.

그래도 시험을 보니 홀가분했고, 한달 반 후에 나올 결과를 기다렸다. 너무 짧은 시간 동안 준비했고 시험을 잘 못 본 것 같아서 불안했지만 다행히 점수가 생각보다 꽤 잘 나왔다.

멕시코 체류 8개월 차, 드디어 델레 B1 자격증을 따게 되었다. 유종의 미를 거둔 것 같아 기뻤다.

¡Adios, México! 아디오스, 멕시코!

꿈에 그리던 캠퍼스에서 공부를 해보고, 생각보다 더 많은 것들을 멕시코에서 경험할 수 있었다.

나는 8개월간의 멕시코 체류를 마치고 남미 여행을 위해 떠났다. 이제야 멕시코를 조금 알 것 같았는데 떠나야 해서 발길이 떨어지지 않았다.

멕시코 친구들에게 나를 위한 편지와 사진을 담은 책을 선물받았다. 짧은 시간 머물렀을 뿐인데, 이렇게 아껴주는 멕시코 친구들이 고마웠다.

멕시코에서는 내가 누구이든 상관없이, 나 자체로 인정받고 사랑받는 느낌이었다. 내가 조금 남들과 다른 선택을 한다 해도, 설령 실패한다고 하더라도, 그저 나로서 내 인생을 살아길 용기를 얻은 느낌이었다. 내가 참 괜찮은 사람일 수도 있겠다는 생각이 들도록 아무 편견 없이 봐주는 사람들 덕분에 나는 참 행복했다.

떠나기 전, 멕시코에서 연을 맺은 친구들 모두 멕시코시티의 소나로사에 있는 한인 식당에 초대했다. 기꺼이 이 이방인의 친구가 되어주고, 어려울 때 함께 해주었던 친구들. 함께 했던 추억들을 떠올리며 함께 웃었다. '우리 다시 만나자'라는 희망 고문을 할 수는 없었다. 내가 다시 멕시코에 올 수 있을까? 나조차 확신할 수 없었다.

내 인생에 함께 해줘서 고마워.

안녕, 멕시코! 안녕, 내 친구들!

끝나지 않은 이야기

나의 멕시코행 이야기를 보며 그저 떠돌며 욜로(YOLO)하다 결국은 평범한 삶으로 돌아갔다고 생각하는 사람도 있을 것이다.

하지만 나는 단순히 1년간의 꿈 같은 시간을 보낸 것뿐만 아니라 소중한 인연을 얻었다.

어쩌면 다시 보기 힘들 수도 있다고 생각했다. 멕시코와 한국은 직항으로 해도 20시간이 걸리는 아주 먼 거리에 있으니.

하지만 귀국한 몇 년 사이에 꽤 많은 멕시코 인연들이 한국에 다녀갔다. 그리고 여전히 우리는 온라인으로 소통하며 연을 이어가고 있다.

멕시코에서 치아파스 여행을 함께 갔던 사만다네 가족은 한국에 두 차례 방문했다. 함께 평창 올림픽 경기를 볼 겸 강원도를 여행하고 서울을 즐겼다.

CEPE에서 같이 공부했던 중국친구 호르헤는 현재 콜롬비아에서 일하고 있다. 그 멀리 콜롬비아엣서 내 태몽까지 꿔 준 다정한 친구.

멕시코에서 만났던 아르뚜로가 일본으로 유학을 와서 친구들과 함께 한국을 방문했다.

멕시코에서 일본어 선생님으로 일하는 일본친구 에츠코와 일본과 한국을 오가며 만났다.

과테말라에서 만난 이탈리아 친구 로사리오가 긴 세계여행 끝에 한국에 들렀다.

멕시코에서 만난 브라질 친구 마르셀라가 친구와 함께 한국에 놀러왔니.

한국어를 잘하는 멕시코 친구 클라우디시가 방학을 맞아 한국에 와서 오랜만에 멕시코에서 만난 친구들과 즐거운 시간을 보냈다.

끝맺음의 말

이쯤이면 독자들은 어학연수 후에 내가 글로벌 무대를 누비는 모습을 기대할 것이다. 하지만 미안하다. 그런 일을 벌어지지 않았다.

나는 멕시코에서 약 9개월간을 어학연수를 하며 머물다 3개월 동안 남미 여행을 하고 한국에 돌아왔다. (남미 여행 또한 많은 것을 깨닫게 해준 여행이었지만 다 담기엔 지면이 허락하지 않아 이 책에는 멕시코 이야기만 담았다.)

이번의 내 나름의 일탈이 내 인생을 드라마틱하게 바꾼 것은 아니다. 대신 나는 조금 다른 사람이 된 것 같았다. 고작 1년이었을 뿐인데 내 정신은 한층 성장해 있었고, 남과 비교하기보다는 나 자신의 마음에 집중할 수 있는 사람이 된 것 같았다.

멕시코에 다녀와서 나는 내 인생의 큰 그림을 그리며 한동안은 평온한 마음으로 공부에 집중했다. 나만의 길을 가야지! 자신 있게 손을 불끈 쥐었지만 불현듯 또 불안한 마음이 올라왔다. 설명해야만 하는 삶이 피곤했다. 그래서 다시 새 직장을 찾아 자리를 잡고 나는 보통의 일상으로 돌아왔다. 이렇게 현실에 타협했던 나는 다시 내가 꿈꾸는 미래를 모색하며 방향을 잡고 있다.

이 책은 멕시코를 떠나기 전부터 담고 싶었던 이야기다. 하지만 바쁜 일상에 묻혀 꿈을 잃어갔고 책을 만든다는 것이 용기가 나지 않았다.

하지만 남편의 적극적인 독려로 다시 한번 용기 내서 쓰기 시작했다. (조언자 역할을 톡톡히 해준 남편 유우현에게 다시 한번 감사의 말을 전하고 싶다.)

누군가 이 책을 읽고 '나도 뭔가 도전해보고 싶다' 혹은 '해볼 수 있겠다'는 용기를 가졌으면 좋겠다. 다녀와서도 아무 문제 없이 잘 살아갈 수 있다고, 두려워할 필요가 없다고 말해주고 싶다.

누군가는 뭔가를 하는 데에는 다 때가 있다고 한다. 하지만 나는 하고 싶은 걸 하는 데에는 늦은 나이가 없다는 것을 믿고 싶다. 물론 실천하기에는 쉽지 않겠지만.

나보다 더 극적인 스토리를 가진 사람들이 많지만 나같이 평범한 사람도 용기를 낼 수 있다는 걸 보여주고 싶다. 특출나지 않아도, 유명한 사람이 아니라도 누구나 용기를 낼 수 있다.

만약 이 책을 읽고 어떤 식으로든 용기와 희망을 얻었기를, 마음속에 무언가 작은 것이라도 움직임이 있었기를 바란다.

책을 끝까지 쓸 수 있게 동기부여를 해준
나의 새로운 가족을 기다리며

2020년 11월 변해령

이 책은

표지와 제목에 SM3 세명조 Std Regular, 나눔스퀘어

본문에 SM3 신신명조03, 나눔바른고딕

카페24 쑥쑥

글꼴을 사용했습니다.

*SM3 세명조Std Regular와 SM3 신신명조03 글꼴은

직지소프트에서 지원받았습니다.

Special thanks to

책이 나오기까지 나의 정신적 지주가 되어준 든든한 남편

언제나 날 지지해주는 사랑하는 가족들

내 영원한 멘토, 사무엘 선생님

떠날 수 있게 용기를 불어준 나의 친구들

나의 모험의 시작과 끝을 함께해준 나의 멕시코 친구들

책을 세상에 나오게 해준 텀블벅 후원자님들

이 책이 더 많은 독자들에게 선보일 기회를 준 하모니북 대표님

Muchas gracias a todos!

서른이라 안 될 줄 알았어

초 판 1 쇄 2021년 1월 27일
초 판 2 쇄 2021년 4월 15일
지 은 이 변해령
표지디자인 이상
펴 낸 곳 하모니북

출 판 등 록 2018년 5월 2일 제 2018-0000-68호
이 메 일 harmony.book1@gmail.com
전 화 번 호 02-2671-5663
팩   스 02-2671-5662

979-11-89930-76-9 03950
ⓒ 변해령, 2021, Printed in Korea

값 15,000원